中華文明史話叢書 45

七大古都史話

主編者・江　流
著作者・李遇春　陳良偉

國家出版社印行

總序

中國是一個歷史悠久的文明古國。五千年來，中華民族所創造的燦爛文明，博大精深，以其輝煌的成就屹立於人類文明之林。中華文明不僅是勤勞勇敢、自強不息的我國各族人民世世代代艱苦奮鬥的結晶，也是凝聚我國各個民族團結奮進的無形力量。這是一份十分寶貴的歷史遺產，我們當然要珍視它、繼承它，並使之發揚光大。

以固有傳統文化為基礎，努力建設富有中國特色的新優質文化，是當代中國文化發展的首要任務。我們要建設的文化，是繼承了一切優秀歷史遺產、體現了歷史發展方向、植根於五千年中華民族燦爛的文明之上的文化。我們不能割斷歷史，也不能向後倒退，必須努力創造比過去更進步的物質文明和精神文明。顯然，這樣的任務並非一朝一夕所能完成，需要我們全民族發揚愛國主義精神，堅韌不拔，一代接一代地奮鬥。

任何一個國家和民族都有自己的文明史，從而構成各自不同的文化傳統。我們主張尊重歷史，認為今天的中國文化，正是昨天和前天的中國文化合乎邏輯的發展。因此，要建設具有中國特色的文化，首先必須要正確地認識中華民族既往的文化傳統。

接觸中華傳統文化，了解我國文明的發展史，不僅是對歷史的關心，也是建構知識、通往世界文明的一條橋梁。中華文化博大精深，各門各類學科林林總總，在浩瀚的歷史夜空中，閃閃發亮如繁星點點，當我們仰頭嘆為觀止之際，更可依熠熠星光作為判斷的依歸。

如同世界其他文化體系一樣，我們的文化傳統也並非盡善盡美。它既有精華，也有糟粕。精華與糟粕攙雜，彼此滲透，總的說來，精華始終居於主導地位，這是中華文明史的基本格局。因為主流是精華，所以中華文明才能隨著社會的進步而不斷向前推進。也因為有這樣的糟粕，所以需要一代接一代的改革者去推陳出新，創造更高層次的文明。

《中華文明史話叢書》規模恢宏，涵蓋廣泛，內容豐富，是一套大型的普及性學術叢書，分別從經濟、哲學、史學、文學、藝術、科技、飲食、服飾、交通、建築、禮俗等不同方面，對燦爛的中華文明史作了比較全面系統的介紹。這套叢書的作者隊伍陣容堅強，包括老、中、青三代的學者及研究人員。這套叢書大都是他們在堅實的專題研究基礎上寫成的，充滿學術性、科學性，而在表述方式上，則力求深入淺出，通俗易懂，做到雅俗共賞。我們希望，這套叢書能幫助廣大人民群眾進一步了解中華民族的優秀文化傳統，明確中國文化的發展方向，增強民族自尊心、自信心和自豪感。站在新世紀的初始點上，讓我們共同攜手，振奮精神，團結一致，再造人類文明的另一個巔峰。

目錄

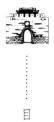

一、巍巍古都安陽

安陽位於我國河南省的最北部，其東與河北省的臨漳、磁縣接壤，西與山西省的長治、臨汾相望。它的西北是太行山脈，它的東面是華北大平原。安陽地處太行山脈與華北大平原交接地帶，境內西部多為山崗丘陵，東部則是漳、洹沖積扇。安陽地勢平坦，氣溫適中，水分充足，土地肥沃，宜於農牧，自古就有人類在此生息繁衍，是華夏文明的發祥地之一。安陽與鄴城原是兩個不同的行政單位，只是因為它們在歷史上曾經長期合治，且地域相鄰，故合在一起敘述。

安陽和鄴城為都的時間及大致情況如下：安陽是我國最早的，既有文字可據，又經考古證實的一座商代國都——殷墟的所在地。文獻記載，早在三千多年前，商朝名王盤庚將國都遷到了這裡（目前，關於盤庚遷殷的問題還存在著不同的意見）。自那以後，商王朝的十二朝國君，就一直生活在這裡，直到商滅亡，前後歷時兩百七十三年。

春秋末年，三家分晉，魏國得到了鄴城，在此設置行政機構。戰國初期，魏國遭秦國進犯，形勢很危急。為了避開秦國東向的鋒芒，為了與其他諸侯國家組成抗秦的聯盟，魏國一度將國都遷到了鄴城（西元前五世紀）。魏國雖然以此為都較短暫，但在安陽和鄴城的歷史上，這是第二次為都。

秦滅魏，西漢滅秦，東漢繼立，兩漢都在鄴城設魏郡。東漢末年，冀州移治此地，由袁紹擔任冀州牧。袁紹相繼吞併冀、并、青、幽四州，鄴城遂成為東漢末年黃河流域中下游地區的政治經濟中心。

二〇四年，曹操打敗了袁紹，相繼併有冀、并、青、幽四州，曹操自署丞相，封魏公，晉升為魏王。以後，東漢政權名義上的政治中心在許昌，而實際上的政治中心卻在鄴城，這種政治格局一直維繫了十六年。二二〇年，曹操死，其子曹丕繼位。曹丕將首都移往洛陽，鄴城遂成為陪都。鄴城為陪都凡四十六年。在安陽歷史上，這是第三次為都。

西晉滅曹魏，鄴城失去了陪都的地位。西晉末年，匈奴貴族先在現今山西、陝西一帶割據，接著大兵南下，攻滅了西晉王朝。在十六國時期，從三三五～三七〇年，前後三十五年，後趙、前燕、冉魏三個小割據政權以鄴城為國都。

北魏統一北方，擁有了黃河流域的大部分地區。北魏後期，宇文泰與高歡形成兩個政治派別，最後分裂為東魏、西魏兩個政權。在東魏和西魏的基礎上，又相繼形成了北齊和北周兩個政權。從五三四年開始，至五七七年為止，北朝中的東魏、北齊政權以鄴城為都四十三年。

綜上所述，在中國歷史上，至少有商、戰國魏、曹魏、後趙、前燕、東魏、北齊等七個王朝在此建過都城，東漢袁紹將此城建為冀、并等四州的政治中心。除開戰國魏、東漢末年的袁紹之外，隋朝以前，安陽為都前後約三百六十七年，為陪都四十六年。

1.中原文明成熟的標誌——商都殷

十九世紀末，京官王懿榮得了重病，需用一味名叫「龍骨」的中藥。府內小廝按著郎中開的藥方，去藥房抓藥，結果將殷人所使用的甲骨抓回。王氏是一位很有造詣的金石學家，發現府內小廝取回的「龍骨」上竟然有字，便上了心。他將「龍骨」取出，對其文字進行辨認，終於認出這是失傳已久的、人們正在苦苦尋求的商代文字。他驚喜萬分，立即出資高價收購。於是，在他的帶動下，十九世紀末和二十世紀初，文人頗為流行收購甲骨。那個時候的人們還不知道甲骨的產地，直到二十世紀初，在對甲骨文作深一層的研究時，學者們才開始重視甲骨的產地。緊接著，學者們發現：文獻所載的商代重要都城——殷墟竟然就在安陽境內。

安陽境內的殷代首都是盤庚以後興建起來的都城。盤庚是帝陽甲的弟弟，帝陽甲死，盤庚立，是為帝盤庚。文獻記載，盤庚執政初期，殷都設在黃河以北的某地。為了改善社會秩序，調整社會矛盾，盤庚便將首都從河北遷到了安陽市境內，稱殷（關於盤庚是否遷殷，目前學術界還存在不同認識）。殷墟的地名變化有一個過程：盤庚遷都之前，這裡原有地名叫北蒙；盤庚遷到這裡以後，開始稱殷，也即殷都；稱殷墟則是周朝以後的事情了，意為「殷王朝的廢墟」。

目前，殷都的範圍還沒有確切弄清楚，其大致範圍是：東起今安陽市西北的郭家灣，向西經過高樓莊、王裕口、白家墳、孝民屯至北辛莊，東西長約六公里；南起苗圃北地，東北至三家莊，寬約五公里。殷墟的總面積達三十平方公里。殷墟的平面布局，大體講來是倚洹河而建的。

在殷墟境內，城市的布局可以分為宮殿宗廟區、王陵區、手工業作坊區、平民和奴隸居住區等（見圖1）。就布局而論，它們彼此之間是大分區、小交雜，反映了早期都城的布局特點。

洹河南岸的小屯村東北地為商代宮殿宗廟區，是殷墟最重要的遺址。這片高地東西寬約四百五十米，南北長約六百米，總面積達二十七萬平方米。二十世紀三〇年代，考古工作者在這裡發現了五十三處夯土基址（後分為甲、乙、丙三組）。到了八〇年代，考古工作者又在此地發現了一些建築基址。通過對所出土的遺物及地層進行研究，發現殷墟遺址大致可以分為四期。考古發現的四期文化，與文獻所載盤庚遷殷的歷史並不是完全吻合

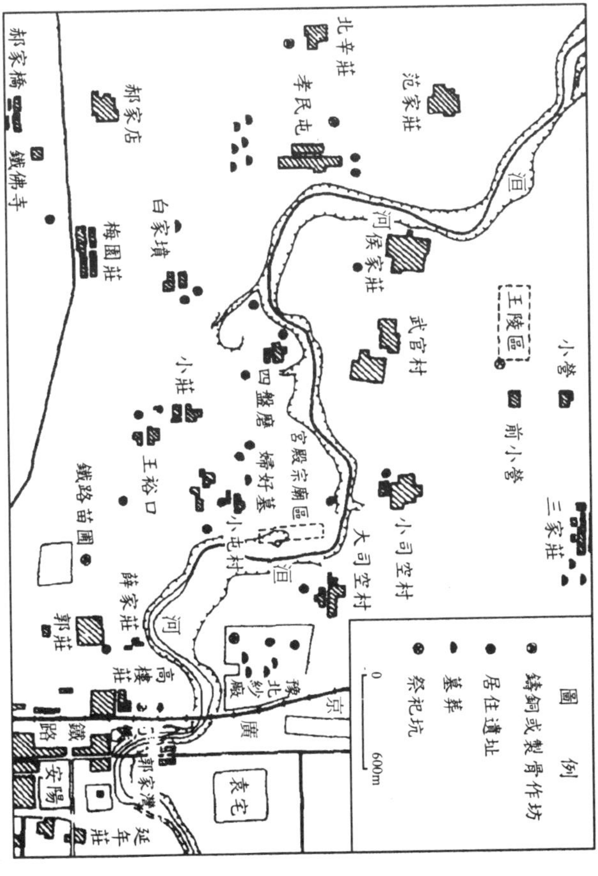

圖1　殷墟遺址墓葬分布圖

的。目前在殷墟所發現的一期文化，多是武丁前期的，盤庚時的遺存是否存在，目前尚存在爭議。文獻多處記載，自盤庚以後，直至帝辛以前，殷王朝再也沒有遷過都。

殷墟大型建築基址的發掘，對於我們了解那個時期的較為大型的，或者說是上層貴族的建築結構、布局及其特點，具有一定意義。這個時期，較有地位的殷人都喜歡將房屋建築在大型的夯土台基之上，夯土台基按其形狀，平面可分矩形、近正方形等多種形狀。房屋建築是傳統的土木結構形式，先用挖基法或填基法作房基，而後在房基上置礎（銅、石兩種），然後再在礎石上置安木柱，最後在木柱上支架屋頂框架，並在諸柱之間版築牆壁。目前在遺址內沒有發現瓦礫，推測當時是用茅草棚蓋屋頂。殷人築建房屋時是很迷信的，通常在奠基、置礎、安門時，多殺人獸先行敬拜神靈，或以處死的獸和人充當護衛，以保證建築房屋時，另外一個世界的「生物」或者神靈不會前來搗亂。比如安門時，通常是埋葬持盾執戈的武裝侍從，並讓他們做跪狀（這大概是跪狀姿態的最早實物，對於研究中國古代的一些禮俗，具有重要意義）。

近年來，在宮殿區的西北，考古工作者發現了一條灰溝，這對我們了解商代晚期都城中的宮城防御設施具有重要的意義。這條灰溝南北長一千一百米，東西長六百五十米，溝寬七～二十一米，深五～十米。這條灰溝環繞在宮城宗廟遺址的西、南兩面，又在東、北兩面與古老的洹河相通。由此推測，此溝當是人工挖成的防禦性壕溝，其與洹河一起，共同形成圍繞宮殿區的防衛設施。

殷墟遺址內，還發現平民和奴隸居住的房屋，它們主要分布在大司空村、高樓村、薛家莊和四盤磨等地。平民大概居住在簡陋的地面式房基的房屋裡；奴隸則居住在半圓形或圓形的半地穴式的房屋裡。

洹河北岸的侯家莊、西北崗、前小營和武官村之間有一片墓地，這是殷代王陵區。相繼在這裡發掘了十三座大墓，其中帶有四個墓道的大型墓八座，帶有一個或兩個墓道的中型墓有五座。大型墓內規模巨大，有的竟然達到一千多平方米，結構複雜，墓內出土精美的隨葬品，還有大批殉人、殉牲與車馬，附近還有大量的祭祀坑和少量的陪葬墓。中型墓葬僅次於大型墓，也出土大量精美的隨葬品，以及眾多的殉人、殉牲，反映了墓主人生前的社會地位極高。關於這十三座大墓的主人，目前學術界還存在意見分歧：有人認為這是盤庚以後歷代殷王的陵墓（盤庚遷殷後，殷朝的國君正好十三位）；有人認為前面八座大墓的主人似是殷王，而後面的五座中型墓應是商王的配偶。

殷墟發現了大量的祭祀坑，這是殷人宗教信仰生活的真實反映。通過這些祭祀坑，我們對殷人宗教信仰的內容、儀式有了進一步的了解。祭祀坑主要分布在武官村北地王陵區和小屯村東北地宮殿宗廟區。王陵東區分布著兩千多座祭祀坑（已發掘了其中的一千四百座），這裡是殷代歷任國君的祭祀場所；小屯乙組和丙組宗廟遺址分布有一群祭祀坑（約兩百座），其中一部分屬於建房過程中舉行奠基等祭祀活動的遺跡；分布在乙七基址南面的一百多座祭祀坑，則是商代國王進行廟祭時所留下來的遺跡。祭祀坑大部分是長方形豎穴坑，單獨埋葬人頭骨的則為方形坑。祭祀坑中埋有人、動物和禽獸骨架，它們當屬祭祀祖先、神靈時被屠殺的犧牲。坑中所埋人牲按性質可分為奴隸、戰俘兩種，總人數在萬人以上。

殷商晚期的社會經濟，仍然是以農業為主，尤其都城殷墟附近，更是一個農業較為發達的地區。殷墟甲骨中已有禾、黍、麥等文字；在殷墟遺址發現了大量的貯藏糧食的窖穴；在宮殿區內屬於王室貴族的一個窖藏圓穴裡，曾發現四百多把有使用痕跡的石鐮刀；在安陽大司空村、苗圃都出土有與破土有關的青銅鏟。所有這些都說明，殷商時代，殷墟一帶的農業是相當發達的。

殷墟周圍是以農業為主，還能從殷商時的詩歌中得到反映。周滅商時，商紂王的庶兄箕子投降了周王朝，周武王將他封到了東北很遠的地方。周滅商後的第四年，箕子返回中原，去朝拜周成王。路過殷墟，看到滿目的斷壁殘垣，懷念故國的箕子不由想起昔日輝煌，愴然淚下，有感難抑，遂作了一首很有情感的詩，詩中對殷墟周圍的農業情況有所反映。這首詩名為〈麥秀之詩〉，詩詠曰：「麥苗啊，漸漸地長高，都已經出穗了，莊稼都長得那麼好啊，到處都是綠油油的一片。您啊，聰明卻不聽話的孩子（指商紂王），為什麼不好好地與我合作呢？」

殷商時期，家畜飼養業也是社會經濟的主要部門之一。商紂王喜好喝酒，而喝酒就需要下酒的菜。文獻記載，為了下酒，商紂王便大量殺取畜肉，懸以晾乾，是稱「肉林」。沒有相當發達的畜牧業作後盾，那是不可能有「肉林」存在的。除了文獻的記載之外，考古發掘也對此有所證明，殷墟出土的家畜有牛、羊、馬、豬、犬等遺骸。這些家畜主要用來食用、祭祀。當然，其中的牛還用來拉車。

殷代的手工業很發達，已經成為獨立的生產部門，手工業內部已向專業化方向發展。當時的手工業，不僅門類多，而且製作技術也相當高。在洹河南岸的北辛莊、孝民屯、四盤磨、小屯村、薛家莊、高家樓和洹河北岸的大司空村等地，發現了一些當時的鑄銅、製陶、製骨和製作玉器的作坊遺址。

商代手工業中最為重要的部門是青銅鑄造業。青銅鑄造業可細分為冶煉和鑄造兩大部類。在殷墟發現數處鑄銅遺址，尤以苗圃北地鑄銅遺址規模最大，面積達到一萬平方米以上。這簡直就是一個規模宏大的製作青銅器的工場。在這個工場裡，發現了銅錠、煉渣、陶範、陶模、製範和製模的工具，以及煉銅的坩鍋殘片。

殷墟出土的青銅器很多，以婦好墓為例，出土各類青銅器達到了四百六十八件。殷墟出土的青銅器以禮器為主，另外還有兵器和樂器等。常見的禮器有鼎、鬲，酒器有爵、觚、觶、尊、卣、壺，兵器有戈、矛、鏃，生產工具有錛、鏟、鑿，樂器有鐃。另外還有各種形制的車馬飾。青銅器製作非常精緻，紋飾以饕餮紋、夔龍紋、雲雷紋等紋飾為主。這些紋飾在更早的鄭州商城、偃師商城都有發現，而至此時更趨繁褥和精美。

殷墟青銅器的分鑄法已普遍採用。一種是先鑄器體，再將附件附在器體上，澆以銅液後，合為一體；一種是先鑄附件，將附件嵌入器體範中，然後澆鑄銅液，而後合為一體成形。武官村出土的司母戊大方鼎，重達八百七十五公斤。當時熔銅的坩鍋，只能盛銅液十二．七公斤，要鑄造司母戊大方鼎這麼大的青銅器，必須用七十個左右的坩鍋同時澆鑄，一、二萬個工匠合作，才能完成。如果將運輸、製範的工人也計算在內，花費的勞力就更多了。可見商代不僅有高度製造青銅的工藝，而且還能從事大規模的生產活動。

殷墟陶器製造業相當發達和完善。在殷墟大司空村、薛家村和高樓莊等地，發現燒製陶器的窯址和製作陶器的作坊。常見的陶器，就陶質而論，以灰陶為主，還有黑陶和紅陶。就用途而論，炊具類有鬲、甑；食器類有豆、簋、盂；貯盛器包括酒器和水器，有尊、壺、卣、瓿、觶、罐、盆、盤等。所有這些器物都是殷墟常見的遺物，在遺址和墓葬中都有大量發現。

在殷墟還發現了帶釉陶器，或稱之為原始瓷器，以及印紋白陶器。常見的有白陶豆、硬陶瓿、釉陶豆、釉陶罐等。這種刻紋白陶，色澤清白，造型美觀，刻鏤精細，花紋華麗，藝術價值相當高，是我國陶瓷藝術的傑作。值得注意的是，這類原始瓷器或白陶器，並不是用安陽這裡的黃土燒製的，而是用高嶺土或瓷土一類的土燒製的，且燒製的溫度達到了攝氏一千度左右，可見當時的燒陶技術較之以前有了很大的進步。

殷墟的骨器製作業也很發達。在殷墟的西邊北辛莊，發現了一處製作骨器的作坊遺址，出土許多骨料、半成品和成品。骨器還是手工業生產的傳統生產工具和生活用具，目前發現的遺物有鑿、錐、鏃和笄等，尤以錐和笄的數量最多。錐是用來縫製皮革製品的，笄是用來挽別髮髻的。除了北辛莊之外，在大司空村南地，也發現了一處較大的製作骨器的作坊。這裡發現了貯藏骨料的窖穴，和一處與製作骨器有關的地穴式的房屋遺存。這裡也製作錐、鏃、笄，尤以骨笄的比重較大。

除了用豬、牛、鹿等的骨頭製作器物外，也還有用象牙加工製作各種生活器具的，如杯、碗、碟、筒、梳等，就有用象牙製作的。象牙紋理很細，適宜於精細的雕刻。殷商居民很喜歡象牙製品，他們在象牙製品上雕刻了許多精美的紋飾。

由象牙製品，我們想起了一個故事。文獻記載，殷滅亡的前夕，商紂王用象牙製作了一雙筷子，並用它來吃飯。有位貴族知道了這件事，便向商紂王建議，不要用象牙製成的筷子吃飯，否則會對整個王朝不利的。商紂王不聽，繼續使用象牙筷子。這位貴族對商紂王不滿，預言商王朝即將滅亡。果然，四年後，商王朝被西周滅亡。

商朝滅亡，並不取決於商紂王是否使用象牙製成的筷子，因為使用象牙筷子，充其量只是一種奢侈現象。當然，奢侈走向極端，就會產生許多副作用，其中最危險的就是導致國家腐敗和滅亡。殷王朝的貴族提倡過簡樸生活原是無可指責的，然而將過奢侈生活說成是始肇於商紂王，並稱因為商紂王奢侈，這才亡國，這是有些冤枉商紂王了。事實上，商朝貴族喜歡過奢侈的生活早就開始了，在婦好墓中，就出土了三件象牙杯。其中兩件成對，通體雕飾花紋，並鑲嵌綠松石，極為美觀。另一件形體較大，有流有鋬，通體雕琢精細的饕餮紋與鳥紋，鋬上端有饕餮紋，下部作頭向上的虎紋，顯得非常精美。

玉器製作業是殷代一項相當重要的手工業，因為當時的貴族很重視玉器，把它視作很貴重的禮器和財富。在安陽殷墟小屯村北地，曾經發掘到兩座製作玉器的小房子，房內有大量礪石、半成品、殘玉器和玉魚鱉等成品，這應是製作玉器的作坊。殷墟曾出土大量的玉器，以婦好墓為例，出土各類玉器七百五十件。禮器有琮、璧、環、瑗、璜、圭、璋等，裝飾品有笄、鐲、墜、飾、串飾等，武器及工具類有戈、矛、戚、刀、鏃、斧、錛、鑿、鋸、鏟、鐮、紡輪等。除了鏟、鐮、小刻刀、紡輪為實用器外，其他的器物都沒有使用痕跡，應為禮儀性用具。

一件玉雕人像在婦好墓中出土，使得我們對商殷很多領域的技術與藝術有了更深層次的認識。婦好墓出土的玉人雕像，仰身向上，雙膝上曲，兩手扶地，形象栩栩如生。這件玉人雕像不僅是藝術品，也是研究殷代髮式、衣冠、人種特徵的寶貴資料。

在殷墟，與玉雕藝術有關聯的是石雕藝術。在婦好墓出土的遺物中，大型的石雕藝術品有鴟梟、怪獸、青蛙、人物等形象，刻劃得非常逼真，遍體刻著紋理細勻的花紋，手法非常細膩。在武官村大墓，出土了一件大石磬，正面刻著一隻雄健有力的老虎，作張嘴狀，線條既剛毅又柔和，具有很高的藝術價值。商代晚期的琢玉技術已經相當成熟，開料、鑽孔、雕琢、拋光等，均有較高的水平。

殷墟遺址出土的許多青銅器上，都殘留著許多紡織品。由此可知，商代的紡織技術已經達到了很高的水平。目前發現的紡織品有絲綢、葛麻兩種。織法有普通平紋組織、畦紋平紋組織、刺繡、羅紋組織等。婦好墓出土青銅器五十餘件，它的表層粘附有紡織品殘片。經過研究，可以知道：除了麻織品外，還有許多絲織品。文獻記載，殷代已經有專為王室織造絲織品的織造室。在織造室裡，工匠對自己的業務都相當熟悉。那個時代，絲織品的價格還是相當高的，平民和奴隸都消費不起，故而絲織品多為貴族所享用。當時，麻織品的價格是相當低的，是平民和奴隸經常穿著的衣料。

殷代手工業的高度發展，為商業的開發提供了物質條件。手工業內部的分工，在一定程度上引起了交換的產生。在殷墟婦好墓中，發現貨貝六千八百枚。這些貝產生於東海或南海，並不產於內陸的安陽，其中相當一部分，應當是通過商業交換進入安陽殷墟的。作為一種財富，富人都喜歡擁有貝。除了婦好墓之外，殷墟晚商墓中出現大量殉貝。大司空村發掘的一百六十五座殷墓，其中八十三座有殉貝，共得貝兩百三十四件，其中兩座墓中還出土了三枚銅貝；殷墟西區墓葬發掘出三百四十二座有殉貝。

殷墟出土了大量玉器。據鑒定，所有的玉器原料都不產自安陽。婦好墓出土玉器七百餘件，相當一部分來自新疆的和闐。通過玉器的出土，可以發現，當時的安陽與新疆的南疆地區，有著某種直接或間接的政治經濟文化上的聯繫。除了進貢、掠奪之外，似乎不能排除某種直接或間接的商業貿易聯繫。關於此時安陽與新疆南部交往的通道，多數人認為是暢通的，只是在通道的走向方面存在著不同的看法：有人認為是經過河西走廊，有人認為是走「河南道」，有人認為是走漠北草原絲道。作者傾向於最後一種觀點。

文字是人類文明的重要標誌之一。近九十年來，殷墟出土的占卜甲骨共十五萬餘片。已發現有五千多個單字，目前能夠識讀的漢字達到了一千七百多字。殷墟文字相當成熟，「六書」具備，以象形、假借、形聲三種為主。殷墟的甲骨文內容相當豐富，涉及到了社會生活的各個方面，包括政治、經濟、軍事、農業、畜牧業、天文、氣象、曆法、醫藥等，是研究商代歷史與文化的寶貴資料。

農業、畜牧業的發展，刺激了手工業和商業的進一步發展，而域內境外的商業發展，進一步使殷商的科學技術有所發展。我國許多科學技術的成就，就是在此時期形成的。

甲骨文的文獻中，有關天文學的資料較多，反映了殷商居民天文學的深厚修養和造詣。殷墟的甲骨中有對天象的詳細記錄，卜辭中也有關於日蝕、月蝕和星辰的記載。這些都是世界上最早的天文學資料。殷商時代已經產生了相當完備的曆法，知道一年分為十二個月，月份有大小，還知道閏月，這在當時是很先進的。大概殷商時期天氣潮濕，雨水多，傷農，故而與後代祈求神靈下雨相反，殷墟的卜辭中祈求天晴的記錄特別的多。

在數學方面，殷人也有很多值得驕傲的成就。殷人已經會使用十進位制，這在當時的世界上具有領先的地位；殷人還會使用六十進位制，並將這種進位制應用到計算日曆方面，這就有了干支紀年法。六十進位制和干支紀年法對後世的影響都比較大。干支紀年法是世界上最早的日曆，對以後數千年的中國曆法有影響，一直到清代後期，計算日期還在使用這種干支計算的方法；六十進位制對於現在也有影響，現在計算時間還在使用六十進位制，比如一分鐘等於六十秒，六十分鐘等於一個鐘頭等。

商代的醫學也達到了較高的水平。甲骨文中有關於疾病的記載，還將疾病分類；殷人已經使用針刺、火灸、按摩等各種方法來治療疾病。最為令人感到吃驚的是：和現代人竟然有些相似，殷墟時代的「醫生們」對於牙齒的疾病也是很「上心」的，甲骨文中就有對齲齒，也就是「蟲牙」的記載。

階級矛盾激化是商王朝滅亡的最根本原因，而商紂王（也即帝辛）的荒淫無道則是商王朝滅亡的催化劑，至於帝紂殺伯邑考（周文王之子），煮其肉為湯而吩咐周文王食用，則是周王室決定滅商的導火線。據文獻記載，到了帝乙的時代，商王朝階級、社會矛盾已經相當明顯了；而至帝太丁時，各路諸侯已經形成叛離之勢；帝辛執政後，自恃聰明勇武，喜好音樂、貪圖酒色、不務正事，最終釀成了眾叛親離，殷王朝走上了滅亡的道路。西元前十二世紀末，周武王興各國之師，攻入朝歌，迫殷紂王投火自焚，商亡。

商亡後，為了鞏固統治，周王朝便將殷民中的大部分強行遷至洛陽附近，殷墟的社會經濟遭到了人為的破壞。商滅後四年，被封往遠方的箕子道經殷都而往豐鎬，看到殷都宮室毀壞，道路失修，昔日豪華的宮殿裡都被種上了莊稼。這是殷墟廢棄的前奏。接著，武庚不滿意周王朝，利用周王朝統治階級內部的矛盾，試圖復辟商王朝，發起了七年復辟戰爭。周王朝擊敗武庚後，周公殺武庚、管叔，大遷殷民，安陽商都境內的老百姓或走或逃或遷，殷墟便真正地廢棄了，成為廢墟。

2. 從戰國魏都到曹魏首都

直到現在，在漳河流域還流傳著一個動人的故事，即西門豹治鄴。故事的情節大意是：戰國時期，漳水不斷氾濫，時時威脅當地居民的正常生活。地方的官紳與巫婆相勾結，謊稱這是河神作祟。當地居民很害怕，便依了當地的鄉紳和巫婆的建議，每年集資數百萬錢，交與鄉紳，讓他們與巫婆合力，用這些錢來買取民間少女，為河伯「娶婦」，也即將兩個少女投入河中。鄉紳和巫婆僅將二、三十萬錢用於「河伯娶婦」的儀式，其他都入了私囊。自那以後，漳河流域的居民年年都得縮衣節食，向漳河的河伯「進貢」，而漳河之水還和往年一樣，照舊氾濫不已。這件事情被新任鄴城令西門豹知道後，大怒，將所有參與此事的巫婆統統投入漳河，而後帶著漳河流域的居民興修水利。從此，漳河之水不再氾濫。這個婦孺皆知的故事就發生在我們將要介紹的古鄴城境內。

古鄴城位於河北省臨漳縣西南二十公里三台村及其以東地，南距河南安陽市約十八公里。古城分為南北二座城址：鄴北城大部都在現今漳河之北，北臨故漳河；鄴南城北臨鄴北城，其北城牆即鄴北城的南城牆，鄴南城的南門距今安陽縣邊界僅一．五公里。曹魏早期的都城鄴城是指鄴北城。

鄴北城始建於春秋齊桓公時代，稍後，這座古城為魏國所有。魏文侯七年（西元前四三九年），魏國一度以此為都。魏國雖然以此為都的時間很短，但是總算是都城。因此，在計算鄴城為都時，通常都是從戰國魏時算起的。戰國魏時的鄴北城，資料太少，無法知道它的布局情況。

戰國魏地處四戰之地，最初很強大，是諸侯國中兵力最強大的國家。後來，相繼受到齊、趙、韓、秦的打擊，魏國衰弱。魏國衰弱後，鄴北城的歸屬多次易手。最初，作為一份禮物，魏國將此城送給了趙國；稍後，趙國被秦國打敗，趙國將鄴城割給了秦國；秦亡後，鄴北城隸於漢朝；東漢末年，諸侯崛起，鄴北城先隸袁紹，後屬曹操。曹操打敗袁紹後，便將鄴北城作為自己的國都。

曹操將鄴北城作為曹魏的首都，與當時的政治經濟形勢緊密相關。首先，自西元一九〇年之後，鄴北城便成為當時冀、并、青、幽四州的政治中心，曹操擊敗袁紹後，領有此四州，自然要在這裡建立首都。其次，曹操選定鄴北城作為曹魏的首都，也與鄴城所在的地理形勢相關。這裡處於黃河東部的中心，北向依太行，有滏口險關可以往山西；南向，面對黃淮海三個大平原，皆有大道可達南北。

曹操為了使鄴北城成為一個都城，主要做了三方面的工作：其一，擴大以鄴城為中心的王畿之地，使得鄴北城所轄的縣份達到了二十九個；其二，發展鄴北城的水運交通，相繼開通白溝、平虜、泉州、新河諸運河，使得鄴城的水運大大加強，向北可達河北平原，向南可由黃河抵江淮，這裡成為黃河大平原上的水運交通樞紐；其三，興修水利，大力發展農業生產，使得鄴北城所在地區成為當時黃河中下游地區經濟最為發達的地區。

曹操經營的鄴北城，在左思的〈魏都賦〉以及張載的注中有較多的反映。另外，《水經．濁漳水注》對這座古城也有記載。鄴北城的考古調查和發掘，始於二十世紀的四〇年代。經過五十多年的努力，考古學者大體弄清了曹魏鄴北城的布局（見圖2）。

根據文獻記載，曹魏時期的鄴北城，東西長達七里，南北寬約五里，如果以舊里計算，曹魏時期的鄴北城面積達到了八平方公里。眾所周知，古代計算長度的單位里比現在計算長度的單位市里要小一些。扣除古代里數與現代里數的差距，近些年來考古工作所測得的數據，大體與文獻所載吻合。鄴北城平面呈長方形，正南正北方向；城垣夯築，東西長約兩千四百米，南北寬約一千七百米。鄴北城的城垣，牆基部分寬十五～十八米。

曹魏的鄴北城共有七座城門。南面三座城門，它們是正中的中陽門，偏東的廣陽門，偏西的鳳陽門；北面有兩座城門，它們是東邊的廣德門，西邊的廄門；曹魏的鄴北城東城垣和西城垣上各有一座城門，東城垣開建春門，西城垣開金

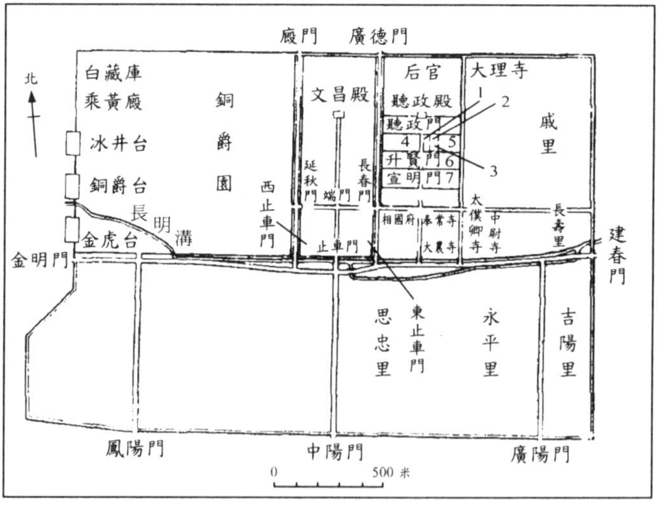

1. 聽政闥　2. 納言闥　3. 崇禮門　4. 順德門
5. 尚書台　6. 內醫署　7. 謁者台閣、符節台閣、御史台閣
（指北針指磁北，圖廓縱線為真子午線）

圖 2　曹魏鄴城平面復原示意圖

明門。

鄴北城內有一條東西向大道，大道全長兩千一百米，寬十三米。這條大道位於鄴北城的中部，其東通建春門，西達金明門，將鄴北城分割為南北兩部分。被東西向大道分割後的鄴北城北部為官署區，南部為里坊區。城市的布局，對後來中原的許多都城的布局都產生了重要影響。

官署區被幾組城垣進一步地分割為正中的宮殿區、偏西的囿苑區（銅雀園）、偏東的官署區三部分。用城垣將官署區再次分割為東、中、西三部分，這在中國古代都城建築史上也有重要意義。在此之前沒有這麼劃分過（比如秦咸陽城、西漢長安城、東漢洛陽城）；在這之後，大體沿用了這種制度（比如唐長安城、唐洛陽城）。

里坊區內有東、中、西三條南北向的主幹道。偏東的主幹道由鄴北城南面的廣陽門出發，經過城南部的里坊區，徑直與城中部的東西向大道相接，相接之處形成一個「T」字形的街道口，街口北面是官署區；偏西的主幹道由鄴北城南面的鳳陽門出發，向北，也是穿過城南部的里坊區（目前正在鑽探過程中），徑直與城中部的東西向大道相接，同樣形成一個「T」字形的街道口，街口北面是囿苑區；正中的主幹道由鄴北城的城南正中永陽門（中陽門）出發，經過城南部的里坊區，直接通往城中部的東西向大道，也在宮城之南，與東西向大道相交。正中的主幹道全長七百三十米，寬十七米。就全城布局而論，鄴北城內有一條南北向的中軸線。中軸線的南段與正中的主幹道完全重合，北段越過東西向的大道，繼續向北延伸，經過宮城南面的止車門、端門，而終於宮廷的正殿文昌殿前。都城南部以三條南北向的主幹道為經線，將都城南部劃分為若干個區塊，這種平面布局對後世也是有影響的。東魏和北齊在這種布局的影響下，加以發展，再加上東西向的若干條街道，從而形成了都城南部棋盤式的里坊。在曹魏形成的，再經北齊發展的街道布局方式對後世的唐代都城布局產生產直接的影響。至於居中大道與全城中軸線相重疊，則對後世影響更大，直到明清時期的北京城還能清晰地看到這種影響。

鄴北城宮殿區的正殿是文昌殿，這是大朝所在，建築相當的豪華雄偉。文昌殿東側有聽政殿，這是內朝所在，國家日常事務都在這裡處理，這裡是國家政權的中樞。文昌殿的前面，左右對稱，分別建有鐘樓和鼓樓、東止車門和西止車門、長春門和延秋門。宮殿區內還有一些建築，如昇賢門、崇禮門、順德門等。

鄴北城宮殿區以西的銅雀園是皇家囿苑，園內築有世界聞名的銅雀（中）、金虎（南）、冰井（北）三台。銅雀台又名銅爵台，位於金虎台之北，台基夯築，現僅存東南部分。金虎台的夯土台基保存較好，其北距銅雀台八十三米，與文獻所載大體吻合。

據文獻記載，銅雀台高十丈，建房一百零一間；金虎台高約八丈，建房一百零九間；冰井台高八丈，有屋一百四十五間，還有冰室，室內有數口深井，井深十五丈，藏冰以及煤炭，另有貯藏糧食和鹽的窖穴。三台彼此之間有浮橋相連，浮橋可撤可接。將浮橋聯在一起，則三台成為一組相通的建築；如果將浮橋卸去，則三台各自獨立，形成單個的防禦設施。三台建築壯麗，是曹魏鄴北城的重要景觀之一，同時還具有重要的軍事意義。

除了三台之外，銅雀園內還有魚池、堂皇、蘭渚、石瀨等景。在三台之西，還有武庫、馬廄和糧倉等。繼漢代之後，曹魏時期也廣修園苑。除了上文所提到的皇家囿苑——銅雀園之外，曹魏政權還在鄴北城附近建有一些囿苑，如城西有玄武苑和靈芝園，城東有芳林園等，這些園苑都是曹魏貴族宴游作樂的場所。特別值得一提的是玄武苑。玄武苑建於建安十三年（二〇八年），內修玄武池。玄武池鑿引漳水而成，原是訓練水軍的，後來改為風景區。苑內有魚梁、釣台等建築，還有竹林、葡萄園等景點。

鄴北城宮殿區的東部是官署區。官署區的平面布局是這樣的：正中為聽政殿，這是內朝所在，是曹操處理政務的地方。據文獻記載，聽政殿建築樸實無華，柱棟沒有雕刻，殿內沒有懸錦。聽政殿前有一條南北向的官道。官道起於聽政殿前，由北向南依次坐落著聽政門、昇賢門、宣明門、顯陽門和司馬門（官署區正門）。官署區的中部還有一條東西向的官道。在總體布局上，它先與全城東西向的大道平行，其次又向西伸延，與宮殿區裡的一條東西向官道相通。在這條官道上，居中是司馬門，西面為西掖門，東面為東掖門。曹魏政權的官署主要分布在東西向官道之南，文獻記載有相國府、御史大夫府、常奉寺等。官署區的北面，也即聽政殿的北面是後宮掖庭所在。

鄴北城內主要分布著市、里坊和官邸客館。文獻記載的考古工作做得不多，所知情況甚少。文獻記載，城南里坊區裡設有三市，分別名大市、朝市和夕市，這是從事商業貿易的場所，各種貨物都可以來此買賣。三市每日清晨開門，過午時就關門。關於曹魏鄴北城商業貿易繁榮的情況，左思〈鄴都賦〉有記載，他說：城裡面有三個規模很大的市場，市場裡面很熱鬧，來往客官所乘車輛，幾乎車軸可以碰著車軸；市場裡賣什麼的都有，如真定產的梨、故安產的栗、中山釀製的酒、淇水和洹水流域產的竹筍、信都產的棗、雍丘產的小米、清流產的大米、襄邑生產的彩錦、朝歌生產的絲綢等。

鄴北城裡的里坊分布，目前考古工作有限，布局還不清楚。據零星的文獻記載，目前僅知有五個里，它們是長壽里、吉陽里、永平里、思忠里和戚里。戚里，顧名思義，就是皇親貴族的住宅區，位於東西向大道的北端、官署區的東北部。其他四個里的大致方位，似在官署區的東南側和東西向大道的南部（目前存在幾種不同的意見）。

曹魏時期，中西交通較為頻繁，許多中亞的使團都通過河西走廊來到鄴城。除了西方的使團之外，曹魏政權還和周邊的少數民族政權比如匈奴（殘部）、烏桓、鮮卑、西羌等有頻繁的交往。除此之外，曹魏還和東吳與蜀漢兩個割據政權有交往。為了安置各地使團，在鄴北城中，曹魏專門設置了具有外事功能的官邸客館。這是後來四夷館的前身，其具體方位還在研究當中。

曹魏時代的鄴北城是當時黃河流域的文化中心。曹操父子三人都是文學大家，有許多不朽的作品。在他們的創導下，四方人才薈萃鄴都，如孔融、王粲、陳琳、徐幹、阮禹、劉楨等，都在鄴城生活和任職。所有這些人，經常在一起切磋文學，評論藝術，從而形成了一個鄴下文人集團。鄴下文人集團的每個名人，或因經歷稟性不同，有著自己的詩文風格，但是他們關心政治，文風樸實，筆調凝重，總體風格是一樣的，因而後世將此時生活在鄴城的文人所作的詩文稱為建安文學。建安文學留傳下來大量傳世名作，在我國文學史上佔有重要地位。

曹魏時代鄴北城的規制和布局，在我國古代都城史上有著劃時代的意義：

⑴城內出現了中軸線，以及以中軸線為標尺，重大建築左右對稱分布，這種布局對後代都城的規制有很大的影響，比如北魏的洛陽城、隋朝的大興城、唐朝的長安城、明

清的北京城等，在布局方面都受到了曹魏鄴北城的影響。

(2)曹魏鄴北城將宮城與民居截然分開，橫以東西向的大街，這徹底改變了漢長安城、漢洛陽城與里坊混雜相處的布局，反映了當時階級對立的加劇和封建等級意識的加強。

(3)曹魏鄴北城宮殿官署和貴戚所居，都集中在北部，改變了「面朝後市」的傳統，意義重大。自此以後，一直到宋代以前，幾乎所有的中原都城都接受了這種布局方式。

(4)曹魏時期的鄴北城，地處平原地帶，無險可守，因築三台，以達到象徵政治威勢和軍事堡壘的雙重作用，這種建築布局對後來都鄴的後趙、前燕、東魏、北齊都產生過影響（加修三台），並影響到北魏的洛陽的布局（築金鏞城）。

(5)有人據文獻記載，將鄴城南部的里坊區復原為棋盤格式（參見鄒逸麟《安陽》，收於陳橋驛《中國七大古都》），目前還沒有得到考古學上的印證。

3.十六國時期的三朝故都

二二〇年，一代梟雄曹操去世，他的嫡長子曹丕繼位，是為魏文帝。魏文帝繼位時，魏國已經打敗了馬超和韓遂，並使羌人接受中原的領導，秦、雍二州併入曹魏政權。曹魏政權西拓疆域成功，就使得自己原先的首都鄴北城顯得過於偏東了。為了適應新的疆域，魏文帝決定將都城從鄴北城遷往洛陽。正都遷走之後，鄴北城遂成為曹魏的四個副都之一（其他三個副都是長安、許、譙），並為魏郡治所。

二六五年，司馬氏廢去了曹魏最後一個皇帝曹奐，在洛陽建立了西晉政權。西晉政權擔心鄴城是曹魏政權的老巢，於是廢去了它的陪都地位。此後，或是縣治，或是郡治，有晉一朝，鄴北城成為一般城市。

鄴城重新受到重視，是在西晉末年。西晉末年，各大政治勢力勾心鬥角，互相爭奪權力，終釀成八王之亂。在八王之亂中，原封成都王的司馬穎佔據鄴北城。司馬穎自任丞相，在鄴北城開府理事，鄴北城地位重新受到重視，始成為西晉末年的政治權力中心。

在成都王司馬穎據有鄴城的那段歲月裡，許多重要的戰役都發生在這裡。比如三〇四年，司馬穎與司馬越爭奪對西晉的領導權，司馬越不服司馬穎，興兵攻打鄴北城，在鄴北城下，司馬穎打敗了司馬越，俘虜了被司馬越挾持的晉惠帝，並將晉惠帝囚禁於鄴城達一月之久。同年，西晉權臣王浚統兵征討司馬穎，攻入鄴北城，將司馬穎殺死在城內。由於全國都很重視鄴北城，遂使鄴北城成為兵家必爭之地。三〇七年，從西晉王朝獨立出去的前趙政權，派遣大將汲桑、石虎進攻鄴城。城破後，前趙的兵馬在城內大肆掠奪，最後焚燒了鄴北城，地面建築皆成為灰燼。

前趙是一個很不穩定的政權，旋即發生內訌。前趙的大將石勒，從前趙分離出來，組建了後趙，並擁有鄴北城。後趙最初將國都定在襄國（河北邢台），擁有鄴北城後，便下令重新經營鄴城，並於三三四年將國都從邢台遷往鄴城，而以原先的國都襄國為陪都。此後，後趙、冉魏、前燕三個短命的王朝，都以鄴北城作為自己的首都。

在鄴北城裡，關於後趙、冉魏、前燕三朝時期的遺跡，目前沒有什麼重大的考古發現。關於三朝對鄴北城的經營，主要依靠文獻進行復原。三朝經營鄴北城，主要是在後趙的石虎時期，後趙的其餘皇帝以及冉魏和前燕，只是利用後趙石虎時的建築。

後趙石虎對鄴北城的營建，大體可以分為四部分：

(1)在曹操文昌殿的舊基上，石虎重建了太武殿。太武殿為朝會正殿，是後趙布政之所。文獻記載，太武殿東西廣七十五步，南北寬六十五步，用漆漆瓦，以銀為楹，以金飾柱，用珠為簾，以玉作壁，相當豪華。由石虎在曹魏文昌殿舊址上營建後趙的太武殿從這一點推測，後趙時宮殿區的中心還在曹魏時的原址上。

(2)石虎以原有的建築為基礎，修繕和擴建了一些建築。例如，石虎時，曹魏原先的銅雀台已經被焚毀了，石虎認為銅雀台無論在景觀方面，還是在防禦方面都還有著積極的作用，於是就利用舊基，增築了銅雀台。原先的銅雀台高達十丈，石虎重修銅雀台，使其高度增加到了十二丈；銅雀台上原有的一百零一間房屋已經被焚毀，石虎便撤去房址，在銅雀台上築起一座五層的樓閣，高達十五丈；為了使銅雀台顯得更加巍峨，石虎又在五重屋的樓閣上增鑄銅雀，高一．五丈。石虎時的銅雀台總高度達到了二十八．五丈。《鄴中記》的作者說：經過石虎重修的銅雀台，比曹魏時的銅雀台更加高聳，裝飾也更加華麗。另外，在石虎時期，還重修並增築了金虎台和冰井台。文獻記載，三朝時期的三台是在曹魏三台的舊址上重建的。

(3)在鄴北城的外圍修建園林和苑垣。文獻記載，曹操經營鄴北城時，曾經在城外修建過園林，比如城西修有玄武苑和靈芝園，城東修有芳林園等，然事過境遷，昔日的園林在西晉時期已經被焚毀，面目全非。石虎執政後，為了滿足自己的奢侈生活，便在鄴北城的外圍大肆修建園林。文獻記載，他在鄴北城的城東二里之外，修建華林園，並修苑垣數十里；他在鄴北城西三里修建桑梓園，苑內興建臨漳宮，苑外修築苑垣；又在城北築長牆，廣長數十里，起三觀，修四門，三門使通漳水，皆為鐵扇。以往人們總是指責石虎在城北、城東、城西擅起宮苑，並大肆築建苑垣，這是浪費財力。然而，從都城的防禦角度理解，鄴北城三面外圍重起城垣，實際上是在鄴北城外圍增修了一重外廓城。

(4)在宮殿區和銅雀園內修築了新的宮觀樓閣，共四十餘處。比如，在正殿太武殿的東西兩側，築起東西二宮，以為寢宮便殿。就都城的布局而論，石虎在太武殿東、西兩側增修東、西二宮，是一種新的布局思想。在此之前，寢殿都是位於宮殿區的東北角，而不在宮殿區，石虎將寢殿移至宮殿區，是對前代宮殿布局的改進，同時對後世也有影響。比如唐長安城、唐洛陽城，以及明清北京城，寢殿就不再在宮殿區的東北角或者西北角，而是與宮殿區在同一個區里。

另外，文獻還記載，石虎在宮殿區內，還修築琨華宮、暉華殿、金華殿、御龍觀、宣武觀、東明觀、凌霄觀、如意觀、披雲樓、靈風台、逍遙樓等，在銅雀園內修築九華宮等。遺憾的是，到目前為止，以上諸台、諸樓、諸觀和諸殿具體在什麼位置，都不是特別清楚的。為了使得新建的城垣、樓觀、台閣更為壯觀，石虎在城垣的內外兩側包砌了石磚，門樓都加築雉台觀榭，還動用民工從洛陽遷來九龍、仲翁、銅駝、飛廉等。

文獻記載，十六國時期的鄴北城，南部還是分布著里坊區，里坊區內有棋盤格式的里和三個市。除此之外，據文獻記載，石氏父子還崇信佛教，南部里坊區里還有寺院建築。文獻記載通常與考古發掘有一定的距離。近些年來，文獻所記載的、屬於這些範疇的古代遺跡，考古發掘到的不多，其具體面貌如何，還有待於今後進一步做工作。

由於為都時間還是比較短，加之考古工作做得不是十分充分，可以反映和代表這個時期文化面貌的遺物自然也就比較少。值得一提的是，在鄴北城內發現了為數不少的瓦當、筒瓦和板瓦，是屬於後趙的。後趙的板瓦和筒瓦多為青灰色，質地較為粗糙。筒瓦面飾繩紋，裡飾布紋。瓦當有「大趙萬歲」、「富貴萬歲」等字樣。

通過文獻記載，可以清楚地看到，石虎經營鄴北城有幾個鮮明的特點：其一，對於曹魏時代的鄴北城，石虎沒有在布局方面做根本性的變動，還是利用原先的城垣，還是利用原有的建築基址，還是利用原有的中軸線，還是強調中軸線附近的左右對稱的布局，還是維持宮城區坐北朝南的布局特點；其二，石虎經營鄴北城，突出了防禦意識，比如以修苑牆為名，在城垣外側再加修一重苑牆，再如增築三台，使其較之曹魏時更加高大宏偉等；其三，石虎在建築方面，濫用民脂民膏，強烈地突出了豪華奢侈的特點。

後趙都鄴城十四年，亡；冉魏都鄴兩年，亡；前燕都鄴十三年，又亡。三個短命的王朝以鄴城為都前後二十九年。如果加上在此之前司馬穎對鄴北城的經營，從西晉末年到十六國時期，鄴城為全國政治中心前後共約三十五年。

4. 東魏、北齊的都城——鄴南城

三七〇年，前燕被前秦滅亡，鄴城再次失去了都城的地位。三九八年，北魏攻克了鄴城，將鄴城作為相州的治所。相州是在魏郡的基礎上發展而來的，其名稱的來歷是這樣的：北魏人相信，這裡是當年商代名王的都城相，故以為名。

六世紀中葉，以洛陽為都的北魏出現了兩個權臣：一個名叫宇文泰，他的政治勢力在西安；一個名叫高歡，他的政治勢力在鄴城。兩個權臣居心叵測，都想控制北魏的政權，於是各樹私黨，拉幫結派，營謀自治。由於兩個權臣將北魏的權力都瓜分了，所以當時居住在北魏首都洛陽的孝武帝就沒有了實權。

五三四年，高歡對鄴城有所經營，控制了鄴城，便想將北魏的首都由洛陽遷往鄴城，以實現他的挾天子以令諸侯的陰謀。他派遣了一個使節去洛陽，向孝武帝建議：自建國以來，洛陽城總是缺糧，需要各地漕運糧草，漕糧都是經過鄴城周轉，先從東方運糧到鄴城，再由鄴城轉到洛陽，不但費工時，而且不安全，不如將首都由洛陽遷往鄴城。

北魏皇帝接待了高歡的使節，耐心地聽了高歡使節關於遷都的理由。孝武帝雖然手裡沒有實權，但是卻有一定的政治經驗。他看出了高歡的野心：高歡借口糧草運輸不太方便，想將都城遷往鄴城，其真實目的是想通過遷都把自己控制在他手裡。孝武帝在洛陽手中雖然無權，但畢竟還是一個名義上的皇帝，如果遷都至鄴城，他將要仰高歡的鼻息生活，這使他感到非常害怕。孝武帝不想遷都，但又不敢直言拒絕高歡。他怕高歡不再給自己提供漕糧，並派遣部隊來攻打自己。孝武帝思考半天，便以相當婉轉的語言謝絕了高歡的請求，表示不願意遷都。

孝武帝不肯遷都，高歡挾天子以令諸侯的陰謀便實行不了。高歡惱羞成怒，就下令所轄部隊，將原先要押往洛陽的漕運船隻都給扣下了，然後將所有這些漕糧運往鄴城，以為自己在鄴城建都的資本。與此同時，高歡派出一支部隊，出鄴城，直逼洛陽，向孝武帝詢問：為何不遷都鄴城？洛陽乏食，高歡又大兵壓境，北魏孝武帝無法在洛陽繼續待下去，於是便向西逃到了鎮守西安的宇文泰那裡，並通過宇文泰向世人表示：剝奪高歡在北魏政府內的所有權力。

孝武帝逃往西安，對高歡非常不利。他的挾天子以令諸侯的目的非但沒有達到，反而在客觀上給對手造成了挾天子以令諸侯的政治態勢。為了取得政治上的主動，就在孝武帝宣布不承認高歡的政治地位之後不久，高歡就興兵進入到洛陽城，在那裡組織起一班老臣，通過了一系列「法令」，宣布孝武帝不再是北魏的合法皇帝。高歡在洛陽另立一個肯聽話的人當皇帝，號孝靜帝。孝靜帝在洛陽沒住幾天，便被高歡接到鄴城去了。至此，北魏出現了兩個政權：一個皇帝在宇文泰控制之下，寓居西安，稱北魏孝武帝，史稱西魏政權；一個皇帝在高歡控制之下，寓居鄴城，稱北魏孝靜帝，史稱東魏政權。

北魏分裂為東魏、西魏兩個政權。從此，高歡所控制的鄴城就成為東魏、北齊的首都。

首都要有首都的規模，首都要有首都的氣派。高歡將鄴城變為東魏的首都之後，便想擴充鄴城的人口和改造鄴城的布局，以便與都城的地位相適應。我國古代一向以人口的多寡來衡量國勢的大小，因而新成立的東魏政權，急需擴大和充實鄴城的人口。為了達到迅速增長人口的目的，高歡便將東魏的部隊開到洛陽去，強迫洛陽城內的四十萬戶居民在三日內上道，遷往鄴城。

自齊桓公開始，到北齊為止，鄴北城經過一千兩百多年的建設，人煙已經相當稠密了。在人煙這麼稠密的城市裡營建新都，無疑會給施工帶來很大難度。為了避開人煙稠密的鄴北城，高歡決定在鄴北城之南重新營建新都。由於新鄴城位於老鄴城之南，故稱鄴南城。鄴南城始建於五三五年，五三九年初具規模，並投入使用。

鄴南城位於現今漳河的南岸，據勘探，平面呈長方形，東西南三面皆築新城垣，而北垣利用了鄴北城的南垣。城垣東西寬兩千八百米，南北長約三千四百六十米。城的東南角與西北角均為圓角（圖3所示並不完全符合實際情況），東西南三面城垣的外側都有加強防禦的馬面。在城垣外圍，距離城垣有一定的距離，還挖有護城壕溝。

文獻記載，鄴南城共有十四座城門。南面三座城門，它們由西向東，依次為厚載門、朱明門和啟夏門。北面三座城門，它們由西向東，依次是鳳陽門、永陽門和廣陽門。西面四座城門，它們由南而北，依次為上秋門、西華門、乾門和納義門。東面四座城門，它們由南而北，依次為仁壽門、中陽門、上春門和昭德門（見圖3）。需要指出的是：鄴南城的北面三門，不但完全是利用鄴北城南垣上的三座城門，而且完全將三座城門的名稱也繼承下來了。

在街道的平面布局方面，鄴南城繼承了鄴北城和漢魏洛陽城的一些特點，並有所發展。文獻記載，除了宮城內的街道之外，整個鄴南城內共有九條筆直的大道，其中東西向的大道有四條，南北向的大道有五條，分別通往各個城門（正門永陽門除外）。九條大道中，納義門經過止車門前通往昭德門的東西向大道、朱明門通往止車門的大道最為寬闊，乃是鄴南城中最寬闊的道路，也是鄴南城的中軸大道。

南門正中的朱明門為整個鄴南城的正門，共有三個門道。中間門道最寬，兩邊門道稍窄些。諸門道之間有隔梁，寬約六米，進深二十．三米。朱明門的城門有門墩，寬八十四米；門墩兩側分別有向南延伸的城垣，城垣長達三十三米；兩牆盡頭各有一座方形的台基，它是雙闕的基址。城門兩側設外突的巨大雙闕，文獻有所記載，但經過系統發掘的遺址，尚不多見。這種形制與後來的唐洛陽城正門應天門的形制有些相似（目前只發掘了其中的一半），或有某些聯繫。

鄴南城的北部中央是宮城。據文獻記載，宮城前為止車門，門內有宮殿區的正門端門，端門之北為閶闔門，門內為太極殿。太極殿為正殿，是舉行國家大典及朝會的場所，等同於曹魏的文昌殿和後趙的太武殿。閶闔門前有東西向的大道，東通宮城的東門雲龍門，西通宮城的西門神虎門。

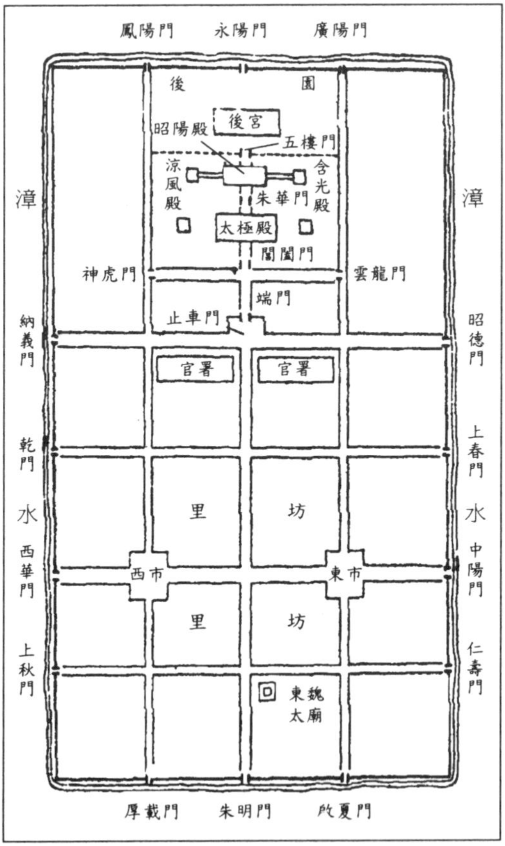

圖3　東魏北齊鄴南城平面想像圖

太極殿後為朱華門，門內為昭陽殿。昭陽殿為皇帝接見后妃及宴集之所。昭陽殿有東西二閣，東閣有含光殿，西閣有涼風殿，其間有長廊相連，香草珍木，布滿庭院。昭陽殿後有永巷，巷北為五樓門，門內為後宮掖廷。

鄴南城的宮城布局大體沿襲了曹魏鄴北城的布局，惟在昭陽殿後增加左右二閣和含光、涼風二殿，且以長廊相連，與曹魏所建之殿不同。這種布局與後來唐長安城的含元殿的布局頗有近似之處，或有某些承係方面的聯繫。另外，鄴南城的宮城東、西、北三面皆有城垣，與曹魏所建宮城稍有不同，並對日後許多都城的宮城布局有一定的影響。實地勘探表明，宮城裡的建築目前已經發現十餘處，多為北齊時所建。

鄴南城的南部為衙署區和里坊區。衙署區位於止車門偏南的里坊內、朱明門大道的東西兩側。根據文獻記載，可知的衙署有大司馬府、御史台、尚書省卿寺、司州牧廨、清都郡、京畿府等。目前由於鑽探有限，還不清楚衙署的具體布局。衙署區位於宮城之南、里坊區偏北，全城東西向大道的南北兩側，這種布局與曹魏時期鄴北城衙署區的布局略有不同，而更接近於唐長安城和洛陽城。在曹魏時期，衙署區多在宮殿區偏東方向，與宮殿區同在東西向主大道之北，此時衙署布局南移，為日後唐、明諸都城署衙區的位置確定開了先河。

衙署區的南面、東面和西面，都是士農工商居住的里坊。目前位置稍可考定的里坊共有十九個，它們是永康、允忠、敷教、修正、清風、中壇、修義、信義、德游、東明、嵩寧、徵海、宣平行等十三里，土台、義井、元予思、天宮、東夏、石橋等六坊。將里坊由東西向大道之南發展到環衛在衙署區的三面，這與鄴北城的布局又有不同，而與唐長安城的布局有些接近。

與曹魏鄴北城南部里坊區內有三市不同，在鄴南城中，文獻記載只有東西二市。東西二市的地望目前還不明確，據勘探，由南向北的第二條大街（西華門通往中陽門）的西門門道寬於其他各門，疑東西二市就在這條大道之上。如是，則可以說鄴南城東、西二市位於里坊區居中位置，與後來唐長安城、洛陽城東西二市居於里坊區偏北位置是不太相同的。

文獻記載鄴南城還修築有離宮多處。城西南漳水之南有北齊修建的遊豫園，周十二里；城南有齊後主緯修建的清風園，為御家菜園；城南有齊武成帝所修的華林園，園中還修了玄洲苑、仙都苑。東晉時期，後趙石氏多在鄴北城的城東、城西、城北修建園苑，而至東魏、北齊時卻將修苑的注意力放在了城南方向，也算是此時城市建築布局方面的一個特點吧。

鄴南城使用期間，鄴北城並沒有廢棄，而被稱為北宮或者北第，東魏或者北齊的政府還經常在這裡處理政務。據文獻記載，東魏、北齊時，在北第興建過太子宮、東齋、柏堂等建築；對曹魏興建，後趙、冉魏、前燕三個王朝重修的三台再度進行加修，從而使得三台變得更加宏偉和壯觀。

南北朝時期的鄴南城遺物，與十六國時的鄴城遺物，還是比較好區別的。以出土的板瓦、筒瓦為例，南北朝時的瓦多為黑色或黑灰色，質地細密、堅硬厚重，表面光滑，裡面飾布紋，常有文字戳記。十六國時期的此類遺物顯得粗糙。南北朝時期的瓦當多為蓮花紋。另外，考古學者近年來在朱明門前的護城壕中相繼發現了一些南北朝時期的甲冑遺物，目前正在修復中。這是一批相當珍貴的文物，對了解南北朝時期的冑甲制度有重要參考價值。

東魏、北齊時的鄴南城，建築前經過精心設計和嚴密規劃，並參考了曹魏和十六國時期的鄴北城的平面布局，以及漢魏洛陽城的平面布局，故而城內的布局更趨於合理，平面規劃也更加整齊。據文獻記載，主持審定規劃平面圖的是通直散騎常侍李興業。

鄴南城輝煌了整整五十餘年。北周建德六年（五七七年），北周攻下了鄴南城，北齊亡，鄴南城失去了都城的地位，重新降為相州州治。五八〇年，北周權臣楊堅心有異志，想背叛北周而自立，相州總管尉遲迴對楊堅這種行為不滿意，起兵討伐楊堅，不果。

楊堅興起大軍，強行進攻相州城，尉遲迥兵敗，隋軍攻克了鄴南城。當時，楊堅正在謀求篡位，擔心四年前還是都城的鄴南城會成為自己政敵的據點，於是就在攻克鄴南城之時，下了一道極為嚴酷的命令：將鄴南城裡的所有居民都強行遷往安陽，不得在鄴城境內留居；燒毀鄴城境內所有宮殿建築和居民，使人們再也無法返回到鄴南城來。千年古都，因為一道政令便被廢棄了，這就重演了與兩千多年前殷墟一模一樣的悲劇，故有文獻稱其為鄴墟。

由於鄴城是因人為因素被焚毀的，所以經常引起人們的同情和懷念。孟郊〈早發鄴北經古城〉一詩中不但浸滲有緬懷，而且有同情。當然，通過這首詩也可看到：唐時的鄴城已經不是城市了，而成為農田，根本不見昔日都城的跡象了。孟郊詩曰：「微月明東南，雙牛耕古城。但耕古城地，不知古城名。當時置此城，豈料今日耕。蔓草已離披，狐兔何縱橫！」

二、千年古都長安

西安位於關中平原中部。北臨逶逶連綿的北山山系（有堯山、黃龍山、九嵕山、嵯峨山、岐山、汧山、隴山等），南倚重巒迭嶂的秦嶺山脈（終南山、南五台山、翠華山、圭峰山等），西起寶雞，東至潼關，大體形成一個東西狹長的低洼盆地。

關中這個名稱，最早見於戰國時期。關於這個名稱的起源，向來就有兩種說法：其一，由於渭河平原處在函谷關（今河南省靈寶縣境內）與大震關（今陝西省隴縣境內）之間，故稱關中；其二，這一地帶東有函谷關，西有散關（今陝西省寶雞市境內），南有武關（今陝西省丹鳳縣境內），北有蕭關（今甘肅固原縣境內），故稱關中。目前，從後者來理解關中這一概念的人佔多數。

關中地區是軍事戰略要地。戰國時有人稱它「四塞為固」，西漢時有人稱它「金城千里」。前者的意思是說：關中四周都有險關，進可以攻，退可以守。後者的意思是說：關中四周的山脈，就像一道黃金鑄成的城垣，足可以防守。

關中地區經濟發達。人們現在都稱四川盆地為「天府之國」，是說這裡物產豐饒，有如天之府庫，其實最早被稱為「天府」的，卻是關中。春秋時，有位說客名叫蘇秦，一次面見秦惠王，向他面陳「連橫」之計，就極力稱頌關中，說它田地非常肥美，居民非常富足，可以組織起一萬乘戰車，可以號召起一百萬戰士，它的肥沃土地有一千多里那麼長，物產積累是那麼豐饒，可以說是要什麼有什麼，真像天上的府庫一般，是天下最為富庶的地區。蘇秦說得不錯，關中地區，確實土地肥沃，沃野遼闊，是個農業經濟極為發達的地區。

關中地區人口眾多。關中地區歷朝歷代，究竟有多少人口，已經無法確切知道了。蘇秦見秦王，說關中戰車可以組織起萬乘，士卒可以組織起百萬，是在說關中地區人口眾多；司馬遷作《史記》，稱西漢時期關中地區人口佔了全國人口的近三分之一，這個數字是相當可觀的。當時的人們，對於人口的認識和現在是不太相同的。那時的人們認為：人口多，投入生產勞動的人就越多，因而經濟就越發達；人口多，國家賦稅來源就越多，因而國庫收入也就越多；人口多，可以當兵打仗的人就越多，軍隊也就越強大。換句簡單的話說：人口越多，國力也就越強盛。關中地區人口眾多，是歷代政府擇其為首都的重要條件之一。

關中地處我國西北、西南、華北以及中南幾個大地區的交界之處，地理位置十分重要。它西向可以沿渭水通往古代的戎狄部落，西南經過褒斜道可以連接巴蜀，東北隔黃河與三晉相鄰，東南通過武關可以南達荊楚。關中的交通比較便利，漢唐時期，這裡是陸路絲綢之路的起點，各條絲道都由這裡出發，通往世界各地。

正是由於關中具備了許多優勢條件，又因它地處全國較為居中的位置，故而許多朝代的政權，一旦控有關中，便想在此地設立都城。據文獻記載，在歷史上，西周、秦、西漢、新莽、隋、唐六個統一的王朝，以及戰國秦、前趙、前

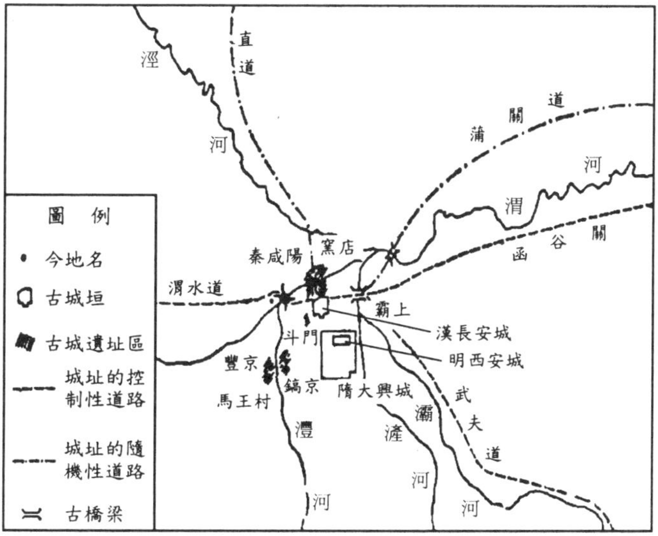

圖4 關中諸都城分布示意圖

秦、後秦、西魏、北周、兩漢之際的更始帝劉玄、東漢獻帝、西晉惠帝和愍帝、赤眉軍、黃巢、李自成等十餘個割據政權或者過渡性的政權，都在這裡建都，歷時一千餘年。

有一點需要特別指出：從周豐鎬到秦咸陽、漢長安、隋大興、唐長安，歷代都城的位置逐漸由西向東移動，這是渭水流域經濟文化中心逐漸東移的反映（見圖4）；這種遷徙動作不大，各個時代城址所賴以建立的地理基礎，沒有發生太大的變化。

1. 豐水河畔的周都豐鎬

相傳，在上古時期，一個有邰氏部族的少婦，名叫姜原，一日，到原野上去玩耍。這位少婦很年輕，很美麗，很頑皮。在原野上，她看到了一個很大的腳印，不像是常人的腳印，覺得很好玩，於是就將腳伸進巨大的腳印裡，去比劃，試試這個腳印究竟比自己的腳大多少。她的腳剛剛踩入那個巨大的腳印，突然就有了受孕的感覺。她心裡很害怕。沒有多長時間，她懷孕了。又過了十個月，她生下一個男孩。據文獻說，這個小男孩便是後來周王朝的王族——姬姓家族的始祖后稷。

大約就在西元前十二世紀末葉（西元前一一二二～前一〇二七年），周人在渭河流域崛起，向東發展，滅掉了控制中原的商王朝，建立了周王朝，並以豐鎬為國都。這是西安歷史上最早的都城。

豐鎬，原是兩個地名。豐在豐水之西，鎬在鎬地。周文王在世時，在豐水之側建了一座都城，因水為名，號其為豐都。周武王姬發繼位後，為了紀念父親，不肯在豐城行理政事，便將豐城改建成了周文王的祭廟，而在其側的鎬地再建一座都城，號鎬都。

豐都與鎬都，隔河相望，極近，因而文獻經常將兩個都城合稱為「豐鎬」。豐鎬二城是周王朝較早的首都，從西元前十一世紀末至前七七一年，周人以此為都近三百年。在這三百年間，豐鎬一直是西周王朝政治、經濟、文化的中心。

周朝文武二王，為何要將周國的首都選在豐鎬這個地方呢？原因很多，概括起來，不外以下幾點：

⑴周人志在滅商，周原距殷墟懸遠，周人問鼎中原的第一步應當將政治中心向東移。

⑵豐鎬既是關中的中心地帶，也是渭水流域崇人部落活動的政治經濟中心，有崇人經營的基礎，移都此地，即可省去許多經營的力氣，又可以控制關中。

⑶豐鎬土地肥美，水利資源豐富，農業發達，文獻稱其一畝地就值一斤黃金，在這種土地上建都，當然有利於都城的發展。

⑷豐鎬是交通要道，向東有三條主幹道（正東函谷關道、東南武關道、東北蒲津關

道），可以通往中國東部半壁河山的絕大多數地區；向北有大道，可以通往畜牧業發達的漠北地區；向西有兩條大道（河西走廊道和回中道），可以通往隴右和河西；向南有三道（子午道、儻駱道和陳倉道），可以通往巴楚蜀；除了陸路之外，還有渭河和漕運，都可水路往東方。

豐鎬遺址位於陝西省西安市西南十二公里的灃河兩岸。豐京因豐水而得名，位於河西；鎬京因鎬地而得名，位於河東。豐京的中心區域在今客省莊、馬王村一帶，遺址面積達六平方公里。目前在這裡已經發現了十餘處較大的夯土台基，它們是一組有關聯的建築群。其中一座最大的主體建築平面呈「T」字形，基址總面積達兩千平方米，附近還有用陶管鋪設的排水設施。這座建築始建於周穆王時期，至厲王和宣王時期始廢棄，使用了將近一百年，應是當時豐京境內的重要建築。

鎬京遺址範圍包括今洛河村、普渡村、斗門鎮及昆明池一帶，遺址面積達四平方公里。在今斗門鎮附近，發現多處西周夯土基址，同時還發現建築用板瓦、白灰面牆皮、陶質下水管道和紅燒土塊等。推測這裡是鎬京的一處重要場所。另外，在鎬京境內還發現了製瓦作坊遺跡、一批居住遺址，以及一批窖藏銅器。

據文獻記載，除了巍峨的宮殿、莊嚴的宗廟、寬闊的街道、星羅棋布的各類作坊之外，在豐鎬二京的郊外，還有專供天子漁獵的苑囿，方圓達數十里。這裡有汪洋一片的水池、草木繁茂的森林、四處縱奔的野獸、相繼競躍的游魚、婉轉啼鳴的飛禽。

春秋末年至戰國年間，建築學上出了一部很有名的書，名叫《考工記》。據《考工記》記載，豐鎬二京事先有規劃圖，四面有城牆，每面城牆上各開若干個城門。僅據現有資料，可以得出結論：《考工記》的記載是錯誤的，豐鎬二京的城市平面布局比較鬆散，它具有因地制宜、自然發展的特點，既沒有城垣，也沒有城門，更不是按照預定總體規劃精心設計而形成的城市。這種布局，與商代晚期的殷墟具有相同的特點。

2. 山南水北的秦都咸陽

西元前三世紀末葉，渭水旁出現了衝天的大火，火焰像無數簇翻騰的金蛇在藍天上跳躍、扭曲、顫抖、騰升，巍峨的宮殿倒塌了，雕畫的柱子歪斜了，有美麗壁畫的牆壁坍塌了，翠綠的樹木被燒死了。大火整整燒了三個月，原來的數千間華麗建築不見了，到處都是斷壁殘垣。這是怎麼一回事?原來，秦末農民起義軍的領袖項羽正在焚燒馳名中外的秦國都城咸陽城。

咸陽城，因其臨渭水，曾名渭城；秦孝公時，在此大修宮殿，因其地處渭水之北，又居終南山之南，故易名為咸陽城。自西元前三五〇年至前二〇六年項羽焚燒宮室，秦人以咸陽為都共一百四十餘年。

西元前三五〇年，秦孝公將國都從櫟陽遷至咸陽。秦王朝在咸陽修建都城，主要是從三個方面考慮的。從地理條件看，櫟陽雖然地處關中東部，然其距渭河較遠，又迫近鹽鹵之地，地勢高亢，四面無名山大川，地理環境較差；而咸陽位於關中平原的中心，地處豐、渭交會地帶，這裡雨水充足、土地肥沃、物產豐富，地理條件優越，咸陽較櫟陽建都更適宜。從交通情況看，咸陽南臨渭水，是南北交通大道的要地，更兼漕運之便，這是原先的古都櫟陽所無法比擬的。從軍事角度考慮，咸陽地處渭水流域，它南臨終南山，北依九嵕山，進可以箭指三晉、巴蜀、楚荊，問鼎中原，退可以因山為固，憑險自守，其軍事地位較之櫟陽更為重要。

考古和文獻資料都證明，咸陽城最初是在渭河北岸興建的，後來越過了渭河，向南岸發展，整個城市橫跨渭水兩岸。秦咸陽宮的範圍，東起今柏家嘴，西至毛王溝，南起西安草灘農場附近（即秦渭河北岸），其範圍東西三十里，南北十五里。

到目前為止，在咸陽城的範圍之內，考古工作者沒有發現城垣。關於這個問題，目前學術界意見不一。有的人認為，咸陽城本來就沒有城垣，也沒有必要建築城垣；有的人認為，咸陽城原有城垣，或未發現，或被毀掉。

據《史記》、《漢書》等有關的文獻記載，從戰國時期秦孝公遷都開始，至秦始皇末年為止，秦國在咸陽城修築的宮殿建築有咸陽宮、興樂宮、章台宮、華陽宮、羽陽宮、長楊宮、蘭池宮、阿房宮等二十多處。如今，雖由於渭河河道改變，將渭北的大部分地區淹沒，然而，因當年的宮殿大都將殿址選在高亢的原上，故得以保存下來。

咸陽宮　位於咸陽城北部台地之上，是秦王布政的地方。始築於秦孝公時期，到了秦惠公時期又有所增築。對咸陽進行大規模擴建，則是秦王政時期。據勘探，在今咸陽市窯店鄉以東的牛羊溝至姬家道北塬，發現一座宮城。它平面呈長方形，四面有夯土牆，北宮牆長八百四十三米，南宮牆長九百零二米，西宮牆長五百七十六米。該宮城出土有戰國時期的陶器鬲、釜、罐、筒瓦、板瓦等，此宮應是戰國時期修築的咸陽宮城。

在戰國時期的咸陽宮城內，目前已經發現了八座建築遺址，其中發掘了三座，分別定名為一、二、三號建築遺址。這些建築遺址所提供的信息，為今人了解當時的建築藝術提供了重要資料。

一號建築遺址東西長六十米，南北寬四十五米，是一座高台建築（見圖5）。夯土台的頂部中央為主體殿堂（室），呈方形，南北有對稱的兩個門，東牆正中開一門，殿堂地面為紅色（文獻所說「丹地」）。除了主體殿堂之外，在主體殿堂之側，還有臥室、樓堂、貯藏室、露台和浴室等，在主體殿堂周圍還有回廊、窖藏和排水設施。從布局看，這是戰國咸陽宮最主要的殿堂之一。

二號建築遺址平面呈刀把形，東窄西寬，東西長二十七米，南北寬三十二·八～四十五·五米。主體殿堂位於遺址的西半部，為方形，長寬皆十九·八米。殿堂東半部夯土台基殘存四室，其中兩室為地下「水室」。台基周圍有回廊及排水設施。

三號建築遺址位於一號遺址的西面，兩者相距一百餘米。已經發掘的西間道（廊）

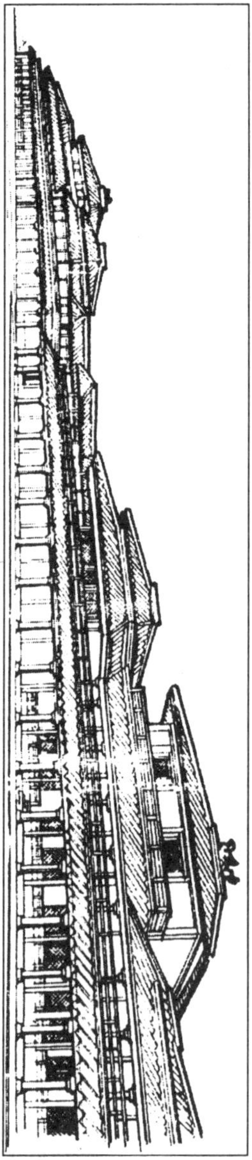

圖5　秦都咸陽宮一號建築遺址復原透視圖

長三十二．四米，寬五米，左右繪有壁畫，其題材內容有車馬儀仗圖、建築圖與麥穗圖等。這批秦代宮廷壁畫是我國最早的壁畫資料，它在中國建築史以及美術史上都具有極為重要的學術價值。

六國宮殿　《史記》記載，秦始皇滅亡六國時，每滅一國，就將一國的宮殿繪成圖樣，而後在咸陽北塬上仿照著再造一座。這些宮殿形制各具特色、金碧輝煌，組成了一組珠聯壁合的宮殿建築群，顯示了秦建築技術的高超。關於這個記載，原先很多人都持將信將疑的態度。近些年來，據勘察，在咸陽城北的台地上，宮殿建築的西端毛王溝建築遺址曾出土楚國形式的瓦當，宮殿東端柏家嘴建築遺址曾經發現了燕國形式的瓦當。由此說明，《史記》的記載還是可信的。

蘭池宮　文獻記載，秦始皇三十一年（西元前二一六年），一個深夜，秦始皇微服出行，隨身只帶了四位護衛。當他行至蘭池宮附近，遇到了幾個強盜。強盜不由分說，拔出刀槍，向秦始皇撲來，始皇帝差一點遇害。四個護衛不顧自身安全，拼命衝上前去，才將秦始皇救出來。由此可知，在咸陽城裡還有一座蘭池宮。蘭池宮，因咸陽城有蘭池而得名。據勘察，在咸陽宮殿區以東的柏家嘴，與一號建築遺址東西相對，兩者相距約三千五百米，已發現夯土基址六處，在遺址內有筒瓦、板瓦、方磚、龍鳳紋和素面空心磚、方紋瓦當等。此外還出土了「蘭池宮」瓦當，與文獻記載蘭池宮的位置相符。

阿房宮　在渭河南岸秦上林苑內（今陝西省西安市三橋鎮南），南起今巨家村、紀陽村，北至今西蘭公路。文獻記載，這座宮殿始建於秦始皇三十五年（西元前二一二年），主要宮殿名阿房，故名。前殿相當大，是秦始皇居住、理事、決策、舉行慶典的地方。近年對此處進行了考古勘察，發現在將近三公里的範圍內，建築遺址密集。其中前殿遺址南起巨家村，西至古城村，東西長一千三百米，南北寬五百米，總面積達到了六十多萬平方米，尚殘存的台基，高達七～八米。在這一地帶，還發現了許多基址，出土有板瓦、筒瓦、瓦當、陶釜、陶盆、柱礎石、固定銅柱外箍、銅質建築構件、門址、陶下水管道和台階遺跡等。關於阿房宮，留下了許多讚美的篇章，其中〈阿房宮賦〉是最美麗的辭賦之一，為我們了解阿房宮的建築及其布局，提供了許多可以參考的資料。

秦咸陽城中還有一些手工業作坊遺址，如製磚瓦作坊、製陶作坊、冶銅作坊、鑄鐵作坊、骨器作坊等。秦代的磚瓦製作是很有名的，正所謂「秦磚漢瓦」。秦磚為青灰色，質地堅硬，形式多樣，有方形磚、長方形磚、空心磚等，而以長方形磚最多，是一種用來做大型建築物踏步的磚。秦磚多有紋飾，如幾何紋、龍紋、鳳紋等。秦咸陽城內，出土一些有文字的磚瓦。據這些資料可以知道，秦咸陽城內，手工業作坊大體可以分為中央官營、市亭制營、民間私營三種形式。

在今長陵車站北面、南面和西南三個地點，發現了銅器與鐵器共存的三個窖藏。北沙坑出土的銅器和鐵器達一千餘斤，有建築構件和飾件等。同時出土的一塊完整的統一度量詔版，上鐫四十字，說的是秦始皇統一中原後，要求各地統一度量衡。這件銅版是研究秦代歷史的重要資料。這裡出土的銅鐵器皿有數百件，涉及社會生活的各個方面，它們對於研究秦代文明、秦代文化與六國文化的源流都有重要意義。

3. 龍首原上的漢都長安

相傳，早在秦人統治渭水流域的時候，終南山裡蟄居著一條龍。這條龍是那麼大，它的軀幹就有好幾十里。這一天，龍渴了，想喝水，於是便挪動軀幹，向渭水而來。龍軀太龐大了，所過之處，土都向兩旁堆起。頭拱到渭水的時候，擱頭的地方便形成了一個很高大的丘原。因為這個高大的丘原是老龍擱頭的地方，所以當地人便稱其為龍首原。

龍首原是橫亙東西的一道高坡，很大，西起今三橋，東至滻河岸邊。西漢首都長安的主要宮殿長樂宮和未央宮位於龍首原上，距今陝西省西安市西北約三公里。

長安城的平面形狀，基本上呈方形，方向基本上作正南正北方向（見圖6）。長安城共有十二座城門，每面三座。東面由南而北依次是霸城門、清明門、宣平門；西面由南而北依次是章城門、直城門、雍門；南面由東向西為復盎門、安門和西安門；北面由東向西為洛城門、廚城門和橫門。每個城門都有三個門道，各寬約六米。

漢長安城城垣，修築於漢惠帝年間。據實測與勘察，四面城垣總長兩萬五千七百米，城垣全部夯築（寬十六米、高十二米），城垣外側設有壕溝環繞。漢長安城的城牆南北二牆多曲，因為城垣建築稍晚於修建長樂宮

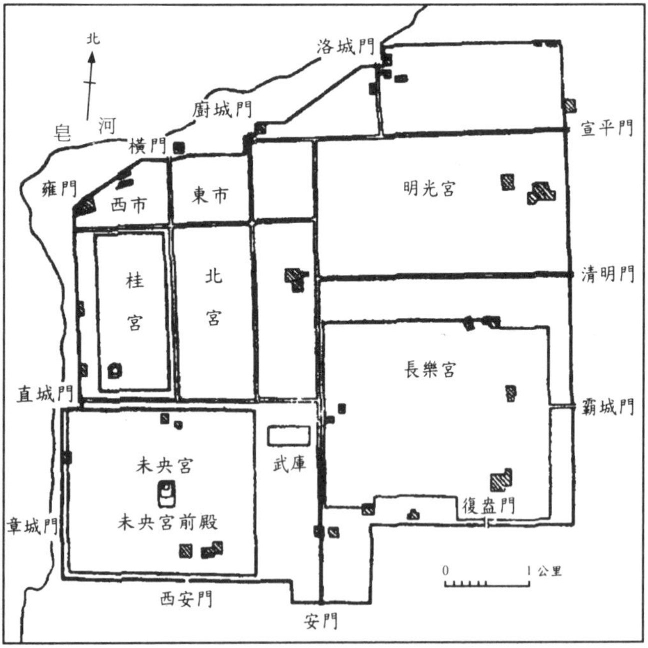

圖 6　漢長安城遺址平面示意圖

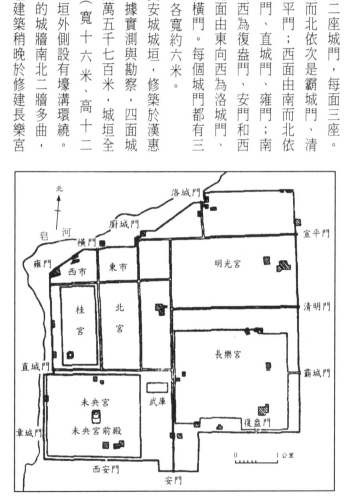

和未央宮，而築城時又需遷就兩宮的位置，以及照顧北城垣靠近渭河。正是因為這個緣故，建好的長安城，其平面布局很像天際間的北斗和南斗，故也被稱為「斗城」。當時有人為巴結漢高祖，說漢長安的規劃者，是以北斗和南斗為設計藍圖修築了長安城。此說不可信。

長安城內共有八條大街，文獻記載為香室街、夕陰街、藁街、尚冠街、華陽街、章台街、城門街和太常街等。通過發掘鑽探，初步究明了長安城內街道的形制。八條大街筆直，或作南北向，或作東西向，它們互相交錯、匯合，形成了一些丁字路口和十字路口。長安城的諸街道中，最長的大街是安門大街，計長五千五百米，最短的是洛城門大街，計八百五十米，其餘的大街一般都在三千米左右。諸街寬度統一，均為四十五米。每條大街都被劃分為三條並列的道路，中間大道寬二十米，兩側各一條道路皆十二米。在中間大道與兩側道路之間，還挖掘有排水溝。中間大道稱「馳道」，這條道是皇帝專用，官吏和平民百姓只能走兩側的大道。

漢長安城內，主要建築是長樂宮、未央宮。另外還有桂宮、北宮、明光宮、建章宮、武庫、太倉、昆明池、上林苑等。總面積約三十六平方公里。它們都是分批修築的。

未央宮　位於長安城的西南部，在現今大劉寨、馬家寨、小劉寨、周家河灣和盧家口境內。由於這座宮殿位於安門大街西邊，因而它又被稱為「西宮」。未央宮也被稱為紫微宮，或紫宮，這是皇帝布政的地方。自劉盈繼位後，歷代皇帝都以未央宮為皇宮；以後，前趙、前秦、後秦、西魏、北周等朝代，也都將皇宮設在這裡。因此，未央宮成為中國古代最著名的宮殿建築群之一。

未央宮四周建有宮垣，形成宮城。宮城平面基本上呈方形，全宮面積約五平方公里，約佔西漢長安城總面積的七分之一。未央宮的主要建築物有前殿、宣室殿、麒麟殿、金華殿、承明殿、白虎殿、椒房殿、昭陽殿、柏梁台、石渠閣、天祿閣等。

前殿位於未央宮正中，是未央宮最主要的建築。它利用在龍首山丘陵造成的台基作殿址，南北長四百米，東西寬兩百米，最高十五米。台基由南向北分為低、中、高三級台面，原是前、中、後三大殿。前殿是中國歷史上規模最大、布局最整齊、保存最完整的宮殿建築遺址，是西漢皇帝舉行大朝的地方。據載，漢武帝以後還對前殿加以翻修，更加豪華氣派：建材都是清香名貴的木蘭和紋理雅緻的杏木；大門上裝飾著古香古色的花紋；回廊欄杆上雕刻著清秀典雅的圖案；潔白無瑕的玉石般的礎石上聳立著高大銅柱。

椒房殿是漢武帝時建築的一座宮殿，相傳因房屋的牆壁是用椒和泥塗壁，取其溫而芬芳，故名。椒房殿位於前殿以北約三百六十米處，一九八二年以來對其進行發掘。遺址呈長方形，由正殿、配殿、房屋三部分組成。正殿址位於南面，是一高大的夯土台基，呈長方形，南北長五十四．七米，東西寬四十七．八～五十一．二米。該宮殿用方磚鋪地，四壁白灰粉刷，平細而有光澤，相當豪華。據考證，這裡應是皇后居住的宮殿。

西漢中期以前，石渠閣是國家檔案館，以後，這裡成為學術中心。天祿閣位於前殿的北面，南距前殿遺址三百三十米。這裡主要是西漢時期的文史檔案館。據文獻記載，著名的大文豪揚雄，曾在天祿閣工作過。滄池位於未央宮西南，南北長約五百米，東西寬約四百米。西漢末年，農民起義軍攻入未央宮，王莽從前殿逃至滄池的漸台，最後被商人杜吳殺死於此地。織室是為皇室織做各種高級文繡織品的專門手工業作坊，其規模相當龐大，細分為東織室和西織室兩個部門。凌室是用來儲冰的。西漢時期，統治階級冬季以炭取暖，夏天則以冰降溫。除了藏冰以備夏日降溫之外，凌室還具備冷藏食品的功能，是座大型的食品冷藏庫。

長樂宮　位於長安城的東南部，在今閣老門、唐寨、張家巷、羅寨、講武殿、查寨、樊寨和雷寨等村莊一帶。宮城四面築有城垣，全長約一萬米。由於這個宮城是在秦興樂宮的基礎上興建起來的，故缺乏系統的規劃，平面不甚規整，特別是南宮城城垣，轉折之處較多。這座宮城佔地約六平方公里，佔長安城總面積的六分之一。

長樂宮是西漢政府初年的政治中心。惠帝之後，政治中心移往未央宮，這裡成為太后之宮。宮城四面各有一門，門外有闕。宮城內的主要建築有前殿、臨華殿、長信宮、長秋殿、永壽殿、神仙殿、永昌殿和鐘室等。

前殿是長樂宮中的主要建築，四周設有城垣，南面闢殿門，內門設庭院。庭院很廣闊，可以陳列車騎，這裡是舉行大朝的地方。正殿兩側，對稱分布著大小相同的東廂和西廂。東廂和西廂有著重要用途，皇帝的許多重要政務都是在東廂裡處理的。

長信宮遺址位於長樂宮的西北，一九七八年發掘。遺址平面呈長方形，為一夯土台建築。在此出土的遺跡有踏步、廊道、散水和漢代的水井。最初，這裡是西漢政府的正殿所在地，皇帝遷居未央宮後，長樂宮成為太后之宮，長信宮則成為太后議事的主殿。漢成帝時，身邊有兩位美女，一位趙飛燕，一位班婕妤，後者因爭寵失利，為了避免前者的迫害，曾入長信宮，在那裡生活了很長時間。

除了前殿和長信宮等主要建築之外，長樂宮中的其他建築布局大致如下：前殿西側有長秋殿、永壽殿、永昌殿；前殿北面有大夏殿、臨華殿、宣德殿、高明殿、建始殿、廣陽殿、神仙殿、椒房殿和長亭殿等。長樂宮中不但有巍峨的宮殿，還有風景秀麗的池苑、幽靜的亭榭、壯觀的樓台。如鴻台、酒池、魚池，以及酒池邊上的肉炙樹等。東漢時，這處宮殿還在使用。

在長安城內，武庫也是重要的建築之一。武庫建於漢高祖七年（西元前二〇〇年），遺址東距安門大街八十二米處，在未央宮和長樂宮之間。經發掘，武庫建築的平面布局呈長方形，東西長七百一十米，南北寬三百二十二米，四周築有高大的圍牆，內有一道隔牆將整個武庫劃分為東西兩院，共有七個建築遺址。武庫中的建築分為兵器庫和兵營兩種，兵器庫比兵營規模大。由於用途不同，武庫的建築形制不一樣，就是同為兵器庫，因為所儲兵器不同，它們也各呈特色。其中已經發掘的七號武庫，是武庫中最大的建築，它位於西院的南部。建築物內有三條南北向的隔牆，將整個建築分為四個大房間，每道隔牆南北各有一個門道，使得整個武庫可以相互接通。七號武庫內主要出土了鐵劍、刀、矛、戟、斧和鏃等，其中以鐵鏃數量最多。武庫出土兵器以鐵兵器為主，銅兵器次之，反映西漢時期鐵兵器取代銅兵器的情況。

漢長安城的里坊區主要集中在長安城的北部。里有里牆、里門，並設里正管理里內事務。據文獻記載，漢長安城內共有一百六十個里。西漢的法律原則上規定，各里只能開里門，不能臨街破牆闢門。然而也有例外情況，比如未央宮北闕附近和東部的里坊被列為「甲第」或「甲宅」，雖然也被編在諸里內，但是可以不走里門，允許當街闢門。

漢長安城有東西二市，都在漢長安城的西北部橫門附近。二市之間隔以橫門大街，街東為東市，街西為西市。據勘察，東市和西市各有八座市門，每面兩門。東市範圍東西約七百八十米，南北六百五十～七百米，西市小於東市。

除了東市和西市之外，據文獻記載，長安城裡還有交門市、交道亭市、孝里市、柳里市、槐市等。關於這些市的大體方位，目前還在鑽探的過程中。文獻還說，諸市開場時，各種貨物分門別類出售。除了民間的貿易之外，在文獻裡還提到軍市。這大概是軍隊裡舉辦的貿易市場。西漢時期，酒的釀造很興盛，在長安城中，還有專門的酒市。市場裡顧客熙熙攘攘，摩肩接踵，以至於行走車輛都無法轉彎。由此可見京師的市場是相當繁榮的。

另外，根據近年的考古發掘和調查，以及鑽探，大體摸清了長安城內其他一些建築的情況。桂宮是漢武帝為其后妃所修築的宮殿，位於未央宮北，約在今夾城堡、民婁村、黃莊和鐵鎖村一帶，平面呈長方形，四周築城垣，周長約五千三百六十米。北宮位於未央宮東北、桂宮之東，宮內有前殿、壽宮、神仙宮、太子宮、甲觀和畫堂等建築。另外，它還有「冷宮」性質，凡是受到冷落或廢貶的后妃，都被移至此處定居。明光宮位於長樂宮之北。這裡是培養秀女的地方。

漢代盛行宮苑和離宮，較為有名的是上林苑、建章宮和甘泉宮。上林苑位於渭河南岸，周三百餘里，苑中有各種宮觀建築七十餘座、苑囿三十六處，主要集中於昆明池周圍。建章宮遺址位於長安城城址之西，即在現今西安市三橋鎮以北的高堡子、低堡子、雙鳳村、太液池苗圃、柏梁村和孟莊一帶。建章宮四面築宮門，內有前殿枍詣宮、天梁宮、神明台、太液池等建築。甘泉宮位於現今陝西省淳化縣鐵王鄉梁武帝村、城前頭村和董家村一帶，宮內有大型建築十三座。

隨著西漢經濟的發展，長安的地位更顯重要了，成為中西交通的重要城市之一。當時，除了南方、東海、西域、西羌、匈奴、東胡諸地的少數民族之外，還有很多外國的使團、商團來到長安。從這個意義上說，長安是當時的國際大都會。

漢長安的手工業已有相當規模，主要的種類有紡織業、製陶業和鑄幣業。長安的紡織業以絲織業為主，有官辦與民辦兩種。據記載，西漢政府在未央宮設東、西織室，是京師的兩個絲織工場，主要生產繒帛，專供皇宮使用。同時，民間紡織業也很發達。

漢長安城的製陶業也很發達，以官營的磚、瓦生產為主。長安的磚瓦生產工場，集中分布於杜陵以南和終南山北麓之間。據記載，漢武帝時期，這一帶的瓦窯達數千處。近些年來，中國社會科學院考古研究所漢長安隊對長安城內外的窯址進行了較為系統的調查和發掘，為研究漢代長安城的製陶業提供了珍貴的資料。漢代的磚是很有特色的，體大而厚重，質地細密。

西漢政府對鑄幣業十分重視。漢武帝時，西漢政府一度宣布：除了中央政府之外，其他任何人都不得鑄幣。由此，西漢的鑄幣業主要集中在長安附近。西漢中央的鑄幣業由上林三官掌管，從漢武帝元狩五年（西元前一一八年）到平帝元始年間（西元一～五年），三官鑄錢共兩百八十億萬枚，這在當時也算得上是天文數字了。

在西漢的長安城中，除了宮殿和民居之外，還有另外一種比較特殊的建築形式——禮制建築。西漢的禮制建築主要有明堂、辟雍、靈台、宗廟、南北郊和社稷等。

明堂 在歷史上出現很早，它的使用功能隨著歷史時期的變化而又有所不同。最初，明堂很可能是國君辦公的大殿，故文獻稱其為「布政之宮」，國君在這裡制禮作樂、頒布政令和法律，以及舉行重要的國務活動。漢代，過去的一些功能不再使用了，明堂已由過去的「布政之宮」變為「順四時、行月令、祀先王、祭五帝」的禮制建築。明堂的形制一般是以茅草覆蓋的房屋，屋頂為圓形，房子為方形，正所謂「上圓下方」，以象徵上面的天（中國古代認為天是圓形的）和下面的地（中國古代認為地是方形的）。明堂有五室，象徵著金、木、水、火、土五行（中國古代認為世界萬物就是從這五種物質中產生的）。明堂有四座門，象徵著東、西、南、北四方和春、夏、秋、冬四季。據記載，明堂的四周還有水溝環繞。漢長安城的明堂是漢平帝時由王莽修築的，位於長安城南、安門之東、杜門（復盎門）之西。也即現今西安市郊任家口村東、十里鋪西北一帶。

辟雍　也叫「璧雍」，因為它的形狀像璧一樣圓，而外圍有水，故名。西周時期就有辟雍，那是教育場所，到了西漢時期，則成為祭祀的場所了。西漢的辟雍位於長安城南，即今西安市西郊大土門村附近。整個建築遺址規模宏大，原為一座高台建築。遺址中央為中心建築，它建築在一個直徑達六十二米的圓形的夯土台基上；中心建築的四周是方形院落，四面圍有院牆，院牆每邊長兩百三十五米；圍牆居中築門，門道兩旁有土台，台上有門樓，如同城門樓；圍牆四角建有曲尺形的配房，建築較粗糙，似為廊房；方形夯土台基四周又有圓形的大圜水溝，直徑三百六十八米，溝寬兩米，深一．八米；在大圜水溝正對四門外又有長方形的小圜水溝。圓形的中心建築、外圍的方形建築，以及環繞在方形外圍的大圜水溝、大圜水溝外圍的小圜水溝，一起組成了一個完整的建築。

靈台　靈台是天子用於觀察天文、制定曆法的地方。古代，中原的居民對於天文和曆法是很重視的，因為這與祭祀和農業生產有緊密的關係。據記載，漢代的靈台位於長安城復盎門以南，即今西安市西郊任家口村東北、西安市西火車站以西、小白楊村以南。

漢代（東漢）靈台原是高台基建築，周邊五十米，平面呈方形。台基的四周有上下二層平台，台的東西南北四面的牆壁上分別塗以青白朱黑四種顏色。平台上面放置著渾天儀、相風銅鳥、銅表等天文儀表器械。

宗廟　西漢統治階級與其他統治階級一樣，深信去世的祖先能在冥界給予自己巨大的幫助，故而作為一種宗教活動，他們對於祭祀祖先是相當認真的。西漢初年，多在城內修築宗廟建築；漢景帝以後，又將宗廟建築修築在帝陵附近；西漢晚期，宗廟遍於京師，多達一百七十六座。在所有的宗廟中，最大的宗廟建築應當是王莽的「九廟」建築了。九廟位於長安城南，佔地約一百頃，共有十二座建築。一座位於最南邊，外面有單獨的圍牆；另外十一座共用一個大圍牆，分為南北三排。每一組建築都是由中心建築、圍牆、四門和圍牆四隅的曲尺形配殿等組成。宗廟通常都是四時（春夏秋冬）以太牢（馬牛羊）進行祭祀。

南北郊和社稷也屬於禮制建築。中國古代的居民從事的祭禮活動中，很重要的一個內容就是祭天和祭地。南北郊與此祭祀活動有關，南郊是用來祭天的，北郊是用來祭地的。社稷是用來祭祀「地母」（也即土地神）的。西漢的社稷，可能與東漢洛陽出土的社稷形制有些接近，建築基址是一座方壇，壇上無屋，方壇周圍有圍牆，牆上開門。

4.龍首原南的隋都——大興城

五八一年的某一天，天有些陰沉，戶外飄著星點般的小雨。長安城的一個大殿內，北周丞相楊堅正與親信們密謀大事。他們的神情都很嚴肅，同時也很緊張。數天後，長安城傳出震驚的消息：楊堅滅了北周，建立了隋王朝。

隋王朝是我國歷史上的重要朝代，它第三次將全國統一在一個政權的領導之下。隋王朝仍將國都定在長安，這說明隋代的長安一帶仍是當時中國的政治經濟文化交通中心。

隋王朝雖然定都長安，但並不是將都址定在西漢以來的舊址上。隋文帝想在漢長安的東南角上，另為自己建一座新都城。隋文帝想建新都的原因很多，主要原因有三個：漢長安城已經有將近八百年的歷史，宮殿都很破舊、狹小，又屢遭人為破壞，這時已經破敗不堪；隋文帝時，漢長安的地理環境變差了，都城接近渭水，地下水位高，土地鹵化；隋朝正是中國都城的建築布局與結構發生重大變化的時期，從魏晉以來，宮城由南部向北部移動，市里由北部移往南部，官署逐漸趨於集中，居民區日漸擴大，里坊區排列整齊劃一等，在漢長安城的舊址上實現和反映這種變化是不可能的。

隋文帝將新的都址定在漢長安城的東南角一帶，也有一定的原因：新城址位於龍首原以南，這裡地勢北高南低，很適宜興建南北朝以來的那種布局的都城；宮城位於全城的最高點，高高在上，俯視南面的里坊；新的都城背依龍首原，面臨終南山，灞河、滻河從其東部向北流過，灃水、渭水流徑它的西面和北面，新的都城既可以獲得比漢長安城更豐沛的水源，以保證城市的生活與生產用水，又沒有水患的不利因素；新都城就像漢長安城一樣，四周山水環繞，宮城又據高處，佔據了攻守兼備的地形。

新都城始建於隋文帝開皇二年（五八二年）六月，因為楊堅曾被北周封為大興郡公，所以新都城就取名為「大興城」。工程是由太子左庶子宇文愷具體設計和監督施工的。工程進展順利，速度很快，當年的年底，主體工程已經完工。第二年的三月，新春來臨，隋文帝正式遷居新都大興城。

隋文帝所建的新長安城，城名為大興城，宮城名為大興宮，大興宮的正殿名為大興殿，大興殿外的正門是大興門，都城所在的萬年縣改名為大興縣，新設禁苑的名稱易名為大興苑。隋文帝到處使用大興，除有紀念意義外，還希望借此表示隋朝國運永興不衰。

在興建大興城的過程中，設計者充分吸收了北魏洛陽城與東魏鄴南城的布局特點，並在一些方面有所突破。隋大興城的城市布局比較規整，都城由宮城、皇城和廓城三部分組成。大興城修築的次序是：先建宮城與皇城，後建廓城。

宮城位於城市的北面中央，其主要建築是大興宮。皇城也在城市的北部，位於宮城之南，與廓城只有一街之隔，這裡主要集中分布著中央官署。在都城內修築皇城，這是我國都城建設史上的重要創舉，它改變了漢代至南北朝期間中央官署與居民住宅雜處的布局，將國家行政機關統一建築在皇城之內。外廓城也名子城，又稱羅城，位於都城的南部以及皇城、宮城的兩側，它被多條東西向與南北向的街道分成若干長方塊，被稱作「里」或「坊」。在廓城偏北、皇城之南，分東、西，又分別建築了兩個市，這就是都會市和利人市。

隋朝大興城布局是很嚴謹的：宮城和皇城位於都城的北部，是整個城市的中心；廓城在都城之南和皇城、宮城東西兩側，成為宮城和皇城的外圍，對宮城和皇城實施護翼；全城以穿過宮城、皇城和廓城正門（承天門、朱雀門和明德門）的南北大街為中軸線，重要建築都左右對稱，建築在南北大街的兩側。整個城市規劃整齊，布局嚴密，是中國里坊制封閉式城市的典型。

隋大興城的宮城用水、城內居民生活用水，以及城內的園林綠化用水，都比較方便。設計者在這一點上，有突出的貢獻。宇文愷在興建大興城時，特意設計了永安渠、清明渠、龍首渠和曲江池水幾條水渠，使其流貫外廓城、皇城、宮城和大興苑。

在整個都城的北面修築苑囿，這是隋大興城的一個特色。大興苑位於城北，西起漢長安故城，東至灞河、滻河岸邊，北起渭水，南至大興城城下。大興苑的設置，主要是供帝王遊玩，但是它對保障大興城，特別是宮城的安全，也起了巨大的作用。因為大興城宮城的北垣與外廓城的北垣是共用一道城垣，外邊再也沒有其他的依托，北面的龍首原又是一個制高點，這很容易對宮城構成威脅。把北面劃為苑囿之後，就可以充分利用北面的渭水和東西的灞水，以及四周的苑牆，來拱衛皇宮。

5. 中西交通的大都會——唐長安城

六一八年，李淵在太原起兵後，鑒於太原過於偏北，很難在中原產生影響，所以起兵之初，便將兵鋒指向了隋都大興城。李淵的部隊在進攻大興城時，基本上沒有遇到抵抗，故而隋都大興城沒有遭到大的破壞。李淵攻得大興城後，即以此城為唐朝的首都。

唐朝初年的長安城，基本上是沿襲隋朝的建制，沒有什麼改作。如果說有改作的話，也就是將隋朝所使用的城名或縣名，根據自己的需要作了變更：將隋大興城改名為唐長安城，將隋大興縣改名為唐萬年縣，將隋大興苑改名為唐禁苑，將隋大興宮、大興殿、大興門分別改名為唐太極宮、太極殿、太極門。

唐朝對長安城的重大改建，是在唐太宗以後。首先，唐太宗時興建了大明宮；其次，唐玄宗時修建了興慶宮；第三是興修夾城；第四是改建城門。經過改建的唐長安城，較之隋大興城，形制和布局稍有變化。隨著大明宮、興慶宮相繼成為都城的政治中心，唐代中期的政治中心便由城中部向東偏移，出現在全城中軸線以東。從應用角度講，唐朝的改建大大方便了帝王們的生活起居和遊玩；從整個布局的建築意識上講，這對魏晉以來形成的城市布局定格稍有變更。

外廓城　平面呈長方形（見圖7），東西長九千七百二十一米，南北長八千六百五十一・七米，周長三十六・七公里。城牆板築，城門處內外表面砌磚。城垣厚度約十二米左右。城垣外側距城垣三米許，有寬約九米、深四米的城壕。外廓城四周共有十三座城門。依次是東城垣上的通化、春明、延興三門（由北向南），西城垣上的開遠、金光、延平三門（由北向南），南城垣上的啟夏、明德、安化三門（由東向西），北城垣上的光化、景耀、芳林和興安四門（由西向東）。城門的形制，除廓城的正門明德門是五個門道外，其餘諸門都是三個門道。

文獻記載，廓城內有南北向的大街十一條，東西向的大街十四條。經實地勘探和復查，皇城以南，已經發現了南北向的街道十一條，東西向的街道十條。其中，經明德門向朱雀門的朱雀大街，其寬達一百五十～一百五十五米，是現今天安門前東西長安街寬度的兩倍。這麼宏偉的大街，在古今世界都城史上，是絕無僅有的。

圍繞著宮城和皇城的東、西、南三面，廓城內分布著里坊，它由東西向的大道和南北向的大道相格而成，共有一百一十個。居民住宅、寺院建築、官宦居落都建在坊內。為了加

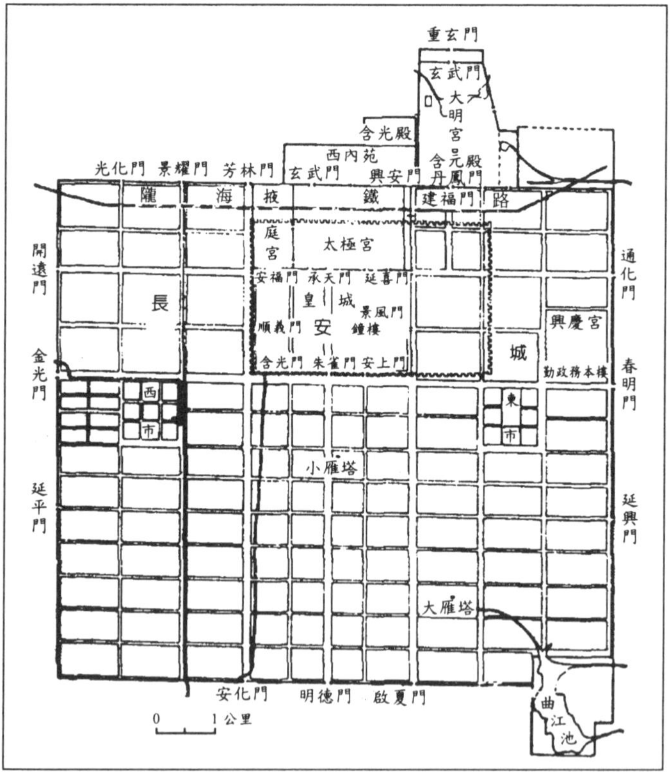

圖7　唐長安城平面實測圖

強管理，唐朝政府要求諸坊都築坊牆。里坊四向開門（除朱雀大街兩側的四列坊例外，它們只開東西二門），坊內有十字街，街寬約十五米。坊門早開晚閉，並設兵看守，宵禁後禁止開門出入，以便於管理和控制。朱雀大街兩側的四列坊最小，皇城兩側的六列坊面積最大。

唐長安城裡主要的市有兩個：東市和西市。它們由隋朝都會市和利人市發展而來。兩市各佔兩坊之地，平面呈長方形。東市和西市四周也分別修築垣牆，市內有一條十字街。以這條十字街為坐標，各行各業分片定居，開鋪經商。除了東市和西市之外，在里坊之內，還有一些店鋪，這些店鋪的商業活動大多與居民的日常生活有關。里坊之內，除了固定的攤點之外，還有沿街叫賣、走街串巷的流動小商販，他們主要經營柴米油鹽、水果、熟食等。

唐長安城的廓城之內，不但有一整套完整的給水系統，而且有一整套完整的排水系統。考古工作者在長安城內曾經發現了一段排水管道設備，那在當時是世界上最完備、最先進的排水設備。

皇城　亦名子城。自東魏、北齊的鄴南城之後，中原地區的都城，在宮城之南、廓城之北，開始出現官署區。東魏、北齊時的鄴南城雖然將官署區集中到了宮城之南和廓城之北，但是沒有築城垣將官署區進一步圍起來。唐朝築長安城，於宮城之南、廓城之北，築皇城，專門解決官署區的防禦問題。這可以算作唐長安城布局方面的一個特點。唐長安城的皇城北面沒有城垣，由一條街道相隔，與宮城的南城垣共用一道城垣。皇城的東、西、南三面皆有城垣。皇城佔地約五．二平方公里，共有七座城門，它們是南面的安上、朱雀、含光三門（由東向西），西面的安福、順義二門（由北向南），東面的延喜、景鳳二門（由北向南）。皇城南面正中的朱雀門是正門。皇城內有東西向的五條街道，南北向的七條街道。上述十二條街道將皇城分割成二十四個小區，各小區分別設置了不同的官署。穿過皇城的「天街」是皇城的中軸線。文獻記載，皇城內分為東、中、西三大區：東區由北向南是東宮及其與東宮有關的一些衙門；中區是中央官署；西區是皇室機構。在東區和西區的南部分別建有皇室的禮制建築太廟和大社。

宮城　南連皇城，北接禁苑。平面呈長方形，南北長一千四百九十二．一米，東西寬兩千八百二十．三米，周長八．六公里。唐長安城的宮城，名叫太極宮，它是在隋朝的大興宮的基礎上修築起來的。宮城一共有八座城門：南面五座，它們是永安、廣運、承天、長樂、嘉福，其中承天門為宮城的正門；北面三座，它們是玄武門、安禮門和至德門，玄武門和安禮門是太極宮的北門，至德門為東宮的北門，玄武門還是唐長安城中軸線上最北的一座城門。

太極宮被圍牆隔為三部分。宮城的中部為太極宮，正殿為太極殿。以太極殿為中心，太極宮的中軸線上還分布著嘉德門、太極門、朱明門、兩儀門、兩儀殿、甘露門、甘露殿、延嘉殿、承香殿；在太極殿的東面，與中軸線一系列建築平行，由南向北依次建有恭禮門、乾化門、立政門、大吉門、立政殿、大吉殿、神龍門、神龍殿、凌雲閣、功臣閣、凝雲閣；在太極殿西面，與中軸線一系列建築平行，由南向北依次建有安仁門、肅章門、百福門、百福殿、安仁門、安仁殿。另外，太極宮內還有武德門、武德殿、暉政門、承慶門、承慶殿、咸池殿、淑景殿、昭慶殿、鶴羽殿、凝陰閣等建築。太極宮又稱「大內」，也稱「西內」，其在唐初二朝（太祖、太宗）之時一直是唐王朝的政治中心，也就是皇帝的正衙。以後，雖然皇帝的正衙相繼移往大明、興慶二宮，但這裡仍然保持著十分重要的政治地位。

宮城的東部為東宮，這是太子居住的地方。東宮也是由城垣圍起來的，它的南面和北面各有一座門，正門為南門重福門，北門為至德門。東宮宮城之內又可細劃為中、西、東三路三部分，總長八百三十餘米。宮內的建築有正殿明德殿、崇文殿、崇教殿、崇仁殿、麗正殿、八風殿、光大殿、射殿、承恩殿、宜春宮、宜秋宮、崇文館等。

宮城的西面是掖庭宮，文獻記載較少，我們知道的情況不多，僅知這是宮女們居住的地方，其東西寬七百零二．五米。據文獻記載，在掖庭宮之南還建有內侍省，其北還建有太倉。內侍省是負責皇宮保衛工作的部隊居住的地方，而太倉則是儲藏糧食的地方。

大明宮　位於陝西省西安市城北的龍首原上，亦即在唐長安城的禁苑當中。由於這座皇宮位於太極宮的東北面，故一些文獻將其稱為「東內」，以與「西內」太極宮和「南內」興慶宮相區別。

大明宮始建於唐太宗貞觀八年（西元六三四年）。那一年，唐高祖李淵身體日漸虛弱，為表子道，太宗李世民便請他的父親去九成宮養痾和避暑。九成宮是隋文帝時修的一個別宮式的宮殿，建在山上，冬暖夏涼，是一個極好的去處。然而，由於隋文帝就是在九成宮裡去世的，而且其屍體也一直陳放在這裡，李淵覺得不吉利，堅持不肯前去。為了討得唐高祖的歡心，李世民便另外選了一塊地方，也即在長安城的東北，龍首原上另修築了一座宮殿，並將其命名為大明宮。

大明宮最初叫永安宮。永安，取吉祥之意，是李世民想讓其父永遠安康，由此可見他的孝心。高祖去世後，到了貞觀九年，唐太宗將永安宮改名為大明宮。以後，高宗在位，長居此地，並易其名為蓬萊宮。大明宮、蓬萊宮之名，大都是緣起於「如山之壽，則曰蓬萊；如日之昇，則曰大明」的詩句。大約是在咸亨元年（西元六七〇年），此宮又易名為含元宮。將大明宮的名字正式定名為大明宮，則是在武則天神龍元年（西元七〇五年）。

大明宮最初只是一座別宮，還沒有達到皇宮的地位。將大明宮正式改建為皇宮，是唐高宗李治時期的事情。李治上台後，身骨羸弱，體多疾痾，又患風痹，極怕潮濕。他繼位後，認為太宗為其祖父所修築的「清暑之所」大明宮，「北據高地，南望爽塏」，地形勝於太極宮，極為乾燥涼爽，所以決定將皇宮由太極宮遷往大明宮。為了能將大明宮改為皇宮，高宗在此大興土木。基建工程由司稼少卿梁孝仁負責。為修築這個皇宮，高宗動用了大量人力物力。據說，不但中央政府掏了錢，隴東、晉南十五個州的人民掏了錢，就連數千名京官同樣也掏了腰包。大明宮於龍朔三年（西元六六三年）正式投入使用。

大明宮南部呈長方形，北部呈梯形，周圍共約七．六公里，佔地約三．二平方公里。大明宮的平面布局，則以丹鳳門、含元殿、宣政殿、紫宸殿、太液池和玄武門南北建築為中軸，其他部分分別列於東西兩側。根據建築物的性質，大明宮可以分為南、北兩大區，南區為朝政區，北區為池苑園林區。南北二區基本上以太液池為分界。

朝政區南北築起兩道東西向的牆垣，從而將該區分為前、中、後三個部分。前部為「大朝」之地，以含元殿為主體建築；中部即「中朝」之地，位於「大朝」之北，以宣政殿為主體建築；後部是「內朝」之地，位於朝政區的北部，以紫宸殿為主體建築，這裡是大明宮中朝政活動較多的地方。

宮城的城垣，除了城門附近以及拐角處砌磚之外，其他絕大部分都是板築夯土。在東、西、北三面都有與城垣平行的夾城。大明宮的宮牆，除了南城垣是利用廓城北牆之外，其餘三面都是新修築的，一般基寬十三．五米，厚一．一米。夾城的城垣基寬約四米，拐角處表面包砌了青磚。

大明宮的宮城共有十一座城門。南面共有五座城門，即興安門、建福門、丹鳳門、望仙門、延政門。丹鳳門為正門，三個門道，這一點是很特殊的，因為除了這座大門之外，大明宮的其餘十座大門都只有一個門道。北面有三座城門，即青霄門、玄武門、銀漢門。居中是玄武門，它的地位僅次於丹鳳門，是大明宮的屯軍重地，武德九年，李世民發動政變，殺太子李建成、齊王李元吉，就是在玄武門。東面有一座城門，即左銀台門，據文獻記載，這裡居住著唐朝精銳部隊中的左三軍（左羽林軍、左龍武軍、左神策軍）。西面有兩座門，即右銀台門、九仙門，九仙門外駐扎右三軍（右羽林軍、右龍武軍、右神策軍）。

大明宮內殿亭等建築遺址已勘察到四十多處，絕大部分都集中在宮城北部。文獻記載，大明宮的主要建築是含元殿、宣政殿、紫宸殿、龍首殿、麟德殿、三清殿、延英殿。

含元殿是大明宮的正殿，位於丹鳳門正北龍首原南沿，殿基夯築。含元殿，取名於「含宏光大」、「元亨利貞」之意，因而，含元殿又名為「大明殿」。殿面闊十一間，進深四間，各間寬五．三米。殿的東南和西南分別建有兩個閣，即翔鸞閣和棲鳳閣。兩閣都在其北側設廊道與含元殿連接。殿前向南伸出三條階梯和斜坡相間的磚石階道，其長七十八米，當時稱為「龍尾道」。居中的龍尾道寬二十五．五米，兩邊各寬四．五米。居中的龍尾道是皇帝行走的「御道」，兩側階道是文武百官上朝時使用。中間階道與兩側階道之間各築起一道磚牆，牆壁上塗以朱紅色石灰。由龍尾道登上含元殿還有三層台，下台和中台各高五丈，上台高兩丈，台與台之間列置白玉石鋪飾的踏步。每台四周圍以玉石欄杆。含元殿巍然高聳，兩面雙閣左右峙立，再配以自高而下的三條龍尾道，其形勢極為威嚴壯觀。

麟德殿位於大明宮的西部，是唐廷宴會和接見外國使節的地方。麟德殿的主體建築是建在一個南北長一百三十米、東西寬七十七．五五米的台基上。這裡原有前、中、後三個毗連的大殿：前殿是一個單層的建築；中殿左右又各引出一亭，名東亭和西亭；後殿左右各建一樓，左名鬱儀樓，右名結鄰樓。大殿周圍，繞以回廊。整個建築佔地面積達一萬兩千三百多平方米，規模十分宏偉（見圖8）。

大明宮的北部為園林風景區，太液池是這裡的主要景觀。太液池又名蓬萊池，位於大明宮北部中央，分為東西

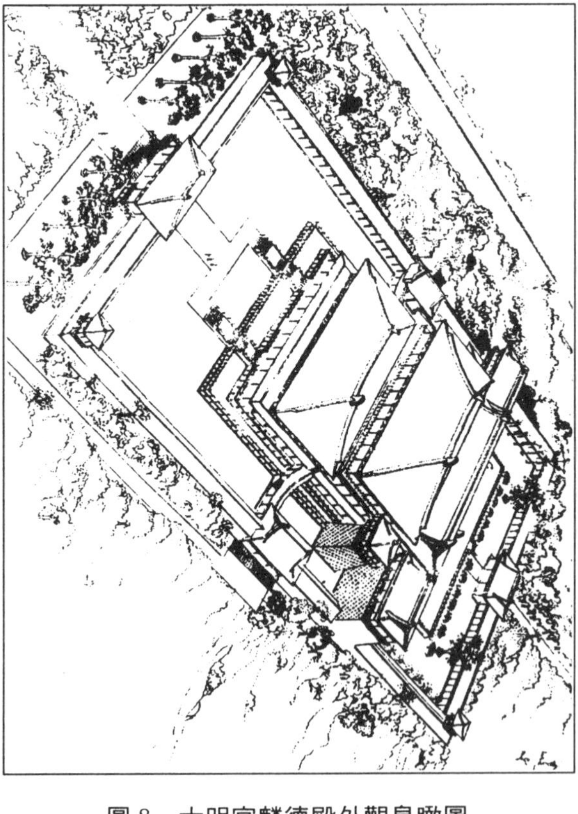

圖8　大明宮麟德殿外觀鳥瞰圖

二池，以西池為主。池水中央偏東，有一處人造的假山——「蓬萊山」，山上築「太液亭」。考古工作者在太液池的附近發現了殿址數處，它們有可能就是文獻所記載的含涼殿、紫蘭殿、長閣、玄武殿。

大明宮雖然建築風格和布局以及形制與太極宮不完全相同，而且也與興慶宮不同，但是，它們都是盛唐時期修築的宮殿，其宮殿規模宏大，建築精美，宮與苑相結合，充分反映了唐代工匠的聰明才智。

興慶宮　唐代中期的重要建築之一，位於唐長安城的東部，即現今陝西興慶宮公園一帶。由於這座宮殿位於西內太極宮和東內大明宮以南，所以有些文獻亦稱為「南內」。

關於興慶宮，曾有這麼一段離奇的傳說。相傳，武則天當政的時候，這裡名叫隆慶坊。隆慶坊裡，靠近坊南有戶人家，名叫王純。王純家裡有一口水井，以前只是水源豐富，並不枯竭，王純可以用井水灌溉莊稼。而後出了怪事：井水突然大了起來，不斷地向外溢水，以致淹沒了周圍的村莊，竟浸成面積約有數十頃的水池。據說，那時，這裡的池水常常靈氣漂溢，時而黃龍出現。當地的人們認為，這是一代明帝即將誕生的徵兆。由於這個水池就在隆慶坊內，故當地人就稱其為「隆慶池」。後來，李隆基當上了皇帝，為了避諱「隆」字，便將「隆慶坊」、「隆慶池」改名為「興慶坊」和「興慶池」。

李隆基登基之前，唐廷曾有兩個政府機關：太極宮和大明宮。太極宮是唐高祖、唐太宗在位時的政府機關，大明宮是唐高宗、武則天以及睿宗執政時的政府機關。唐玄宗登基後，不再去太極宮和大明宮，於是便以自己的府邸為基礎，興建了唐廷又一處宮殿——興慶宮。興慶宮於開元二年（西元七一四年）動工興建。

興慶宮平面呈長方形，佔地面積為一百三十四萬多平方米。四周築有宮牆，共有七座城門：西面兩門，即興慶門、金明門；南面兩門，即通陽門、明義門；東面兩門，即初陽門和金花門；北面一座城門，即龍躍門。偏北的興慶門是興慶宮的正門。在唐朝的宮殿中，絕大多數都是開南門，沒有開西門的，興慶宮是一個例外。

興慶宮的平面布局，較之大明宮、太極宮更複雜一些。在興慶宮的中部，有一條東西向的隔牆，將宮城分為南北兩部分，南邊是園林風景區，北面是宮殿區。

興慶宮宮殿區與太極宮的分布有些相似，分為中、東、西三路，各路之間又有圍牆相隔。東路的主要建築是新射殿和金花落；中路的主要建築是南薰殿；西路的主要建築是興慶殿和大同殿。興慶殿居北，是興慶宮的正殿。

興慶宮的南部為園林風景區，以興慶池為中心，很自然地分成了三個景點區：居中是以龍池為中心景點，偏西是以勤政務本樓為中心景點，偏東是以沉香亭為中心景點。

除了龍池之外，中區的建築還有龍堂。龍堂向南與明光門、通陽門都在一條軸線上。朝廷每年都要在龍堂舉行祭祀活動。龍池東北有沈香亭，以牡丹花為最佳。據說，唐玄宗與楊貴妃花前月下、對天盟誓就在這裡。

興慶宮始建於玄宗執政初年，而在開元末期達到鼎盛。安史之亂後，興慶宮雖然失去了皇宮的地位，但仍是皇室的一處重要宮殿區。玄宗遜位後，一直在這裡養老，順宗退位後，也居住在這裡。直到唐代末年，皇帝還是將這裡作為重要的遊玩之地。北宋時，這裡還可以看到遊人；而自南宋以後，這裡逐漸荒蕪，龍池趨於乾涸，遂成一片廢墟。

夾城 夾城是稍晚才修築的一個工程。唐代中葉以後，唐廷相繼修築了大明宮和興慶宮。繼太極宮之後，大明、興慶二宮也成為唐王朝的政治樞紐。唐朝皇帝為了公務以及遊玩，必須往來於太極、大明、興慶三宮之間。若從太極宮往興慶宮，需出入皇城中部的大街；若從大明宮往興慶宮，則需出入長安城東北角的六、七個里坊。為了皇帝出行安全，朝廷決定修築一條北通大明宮，南至城東南角的風景勝地曲江池的夾城。夾城前後兩次分築：第一次是在開元十四年（西元七二六年），修築起大明宮至興慶宮一段；第二次是在開元二十年（西元七三二年），修築起興慶宮至曲江池一段。該夾城與廓城東城垣平行，位於廓城東牆之西二十三米處，至所經城門處則向東靠攏，與城門間的距離縮小至十米左右。夾城全長七千九百七十米，寬度與廓城相同，也為夯築，但比廓城堅硬結實。

在宮城之北、大明宮之西，唐時還修建了西內苑，這裡面建有許多的殿、閣、樓等，是一個遊玩的場所。裡面較為有名的樓閣有觀德殿、含光殿、廣遠殿、永慶殿、通過樓、祥雲樓、翠華殿、拾翠殿、看花殿、歌舞殿等。

唐以長安為都時期，還在長安周圍建築了一些離宮，其中較為有名的是太和宮、翠微宮、玉華宮、九成宮和華清宮。太和宮位於長安城南五十里的終南山太和谷，故以為名。翠微宮與太和宮同址，是太宗朝晚期修築的一處離宮，正門（北門）是雲霞門，正殿是翠微殿。玉華宮位於渭北高原，正殿是玉華殿，正門為南風門，宮內還有排雲殿、慶雲殿等。九成宮位於麟游縣縣城西邊的天台山上，原為隋朝的仁壽宮，唐代重修，整個布局按城內宮城修築。華清宮位於西安以東二十五公里的驪山之下，貞觀年間開始營造，而至玄宗時達到鼎盛時期。津陽門是正門，飛霜殿是皇帝的寢殿。離宮裡還有供沐浴的諸「湯」，如蓮花湯、芙蓉湯等。相傳，芙蓉湯即楊貴妃沐浴之處。

隋唐兩代是我國佛道兩教比較興盛的時期，因而長安城內建有一百多座寺院道觀。較為著名的佛教寺院大興善寺、總持寺、莊嚴寺、青龍寺、慈恩寺、荐福寺、西明寺等，道教的著名道觀如太清宮、昊天觀、興唐觀、玄都觀、景龍觀等都在長安城內。大興善寺位於長安城朱雀大街東邊的靖善坊內，始建於晉代，而後擴建於隋朝，到了唐代成為國寺，這個寺還是中國佛教密宗的發祥地。慈恩寺位於長安城東南的進昌坊內，始建於隋代，唐初擴建。慈恩寺內以三宗事物而馳名：寺內有房舍一千八百間；寺內壁畫皆出名人之手；著名高僧玄奘在此定居八年之久。著名的慈恩寺塔，又稱大雁塔，建於永徽三年（西元六五二年），初建時為五層方形磚塔，上有相輪、承露盤，高一百八十尺。該塔建築宏偉，是我國佛教樓閣式方形磚塔的優秀典型。荐福寺位於長安城開化坊內，原為隋煬帝即位前的府邸，而後於唐代成為寺院。文獻記載，這裡的寺門兩邊，有著名畫家吳道子所繪的壁畫，著名的譯經高僧義淨在此譯經五十六部。唐代佛道二教不但擁有較多的信徒，而且得到了官方資助，故而寺院經濟相當發達，亦因此，它們在長安城內擴拓了很大的地盤。如興善寺、玄都觀、總持寺和莊嚴寺各佔一坊之地，青龍寺佔去新昌坊的四分之一，慈恩寺佔去進昌坊的一半，荐福寺佔安仁、開化兩坊之地等。

唐末，朱溫脅迫唐昭宗東遷洛陽，同時把長安城內的宮室盡行拆毀，收取木材，利用渭河和黃河順流而下，運到洛陽。長安城兩代帝都兩百年的繁華，盡付之流水，長安城從此衰落。以後，除了李自成建立的大順政權一度以此為都外，這裡再也沒有建過都城。

三、九朝名都洛陽

洛陽位於河南省西部黃河南岸的伊洛盆地，背靠著邙山，南面臨著伊闕，東面有虎牢關，西面有函谷關，這是一個可以與西安相媲美的戰略要地。洛陽境內有四大河流，它們是伊水、洛水、瀍（音ㄔㄢˊ）水、澗水。四水蜿蜒於洛陽盆地之間，灌溉著這裡的肥沃土地，使得這裡從很早時候起，就成為適宜於農業發展的好地方。

洛陽有悠久的歷史。大約在六、七千年以前，這裡已經有人類在活動了。考古工作者在這裡發現了仰韶文化的遺存。繼仰韶文化之後，考古工作者相繼在這裡發現了龍山文化、二里頭文化、商周文化、春秋戰國時期的城址與墓葬、東漢及以後各朝各代的文化遺存。

進入階級社會後，洛陽成為全國的政治經濟文化中心之一，許多政權都在此建立過首都，確切可考的有東周、東漢、曹魏、西晉、北魏、隋、唐、五代的後梁和後唐，故而，人們稱洛陽為九朝古都。近年來，隨著考古工作的深入和發展，又形成了一種新說法，即認為洛陽是十一朝故都，也就是除了上面的九個王朝外，再加上夏和商二個王朝。因為在這裡還發現了夏朝的首都西亳（二里頭）和商朝的早期首都。

洛陽境內的列朝都城的分布，與西安地區歷史上的都城遺址分布有很大的區別：西安歷史上的古城，從豐鎬到唐長安，是沿著一條河（渭水）由西向東移動。洛陽歷史上的古都卻不是這樣，它是沿著一條河（洛河）東西向來回扯動。比如，以唐洛陽城為標尺，夏都故址二里頭、商都故址偃師商城、漢魏故城遺址都居於唐東都城之東，而東周王城居於唐洛陽城之西（見圖9）。

洛陽位於中原的中部地區，建都的

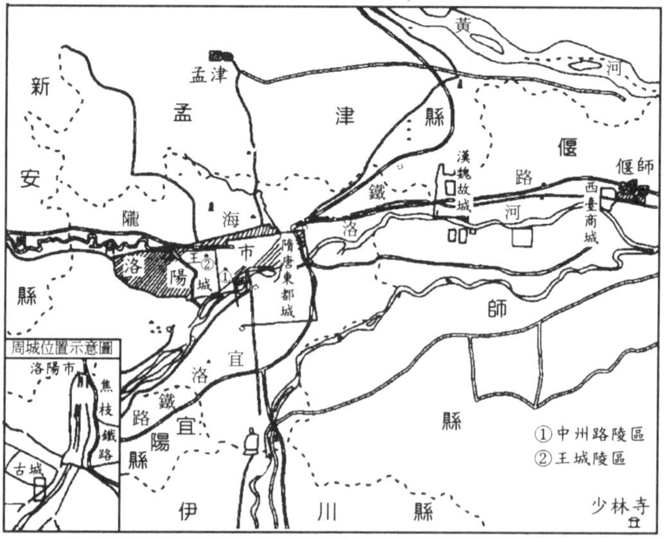

圖9　洛陽諸都城分布示意圖

歷史比較悠久。如果二里頭遺址是夏都的論點能成立的話，則從夏朝晚期算起，至後唐滅亡為止，洛陽地區作為都城的時間有一千多年。在中國的七大古都之中，這個城市為都的歷史之久可以說是絕無僅有的。

1.夏商二都的考古發現

二十世紀七〇年代的一個夏季，在偃師縣一個不起眼的村莊——二里頭，十數位考古學家退坐到了樹蔭下，因為快要下雨了。暴雨驟下驟止，地面顯得潮濕。雨停後，考古學家們狂奔而出，急向工地跑去。他們憑以往經驗：驟雨之後，地面潮濕，最有可能刮出遺跡。不一會兒，一位考古學家刮出了第一個柱洞；接著，其他人相繼發現了第二、第三個柱洞。就這樣，一個偶然的機會，一場並不渴求的大雨，使得空等了十六個春秋（一九五九年經過鑽探發現了二里頭遺址）的考古工作者欣喜若狂：震驚世界的二里頭一號宮殿終於被發現了。不久之後，考古學家們又發現了二號宮殿遺址。二里頭一號和二號宮殿遺址是屬於哪個朝代的？目前在學術界還有不同看法，多數人認為：它應當是文獻所載的中國歷史上的第一個奴隸制王朝——夏朝的王宮之一；包括這兩個宮殿在內，二里頭附近曾經有一座湮滅已久的夏王朝的首都。

夏朝是文獻所載的中國歷史上的第一個奴隸制王朝，距今已有四千餘年歷史。從其所出遺物看，這個時期已經進入到了中國文明的發展階段。夏朝存在於西元前二十一～前十六世紀之間，前後五百年左右。夏朝的世系，從夏啟算起，至夏桀為止，共傳十四世、十七王。

據有關文獻記載，夏曾九遷其都，其中三位帝王在河南洛陽一帶建都，他們就是太康、仲康和夏桀。太康和仲康是夏朝較早時期的人物，是否擁有像樣的國都，我們目前還不敢斷言，而夏朝晚期，桀都斟鄩，從地望上講，頗似在二里頭一帶。考古工作者發現了二里頭遺址，多數人認為它是晚夏時期的都城。

二里頭遺址最初發現於西元一九五九年。遺址位於河南省偃師縣西南四公里的二里頭村一帶，其東距偃師商城六公里，北臨洛河，南臨伊水。遺址南北長兩千多米，東西寬兩千多米，總面積達到了五平方公里以上。遺址中部為宮殿區，近些年鑽探出數十座大小不等的建築基址，範圍約達八萬平方米。七〇年代發掘出兩座大型宮殿建築基址；最近，第三座較大型的半地穴建築基址和第四座較大的地面建築基址正在發掘過程中。

一號宮殿基址平面呈正方形，東西長約一百零八米，南北寬約一百米，總面積達一萬平方米。遺址中部偏北處是殿堂，東西長三十六米，南北寬二十五米。下面是三米多厚的長方形基座，基座上面有一周廊柱，南北排列各八個，東西排列各四個，共計二十二個，間距為三．八米。每個柱洞穴前側還有兩個小柱穴，用以支撐殿堂的屋椽。根據這些現象，可以初步將這處遺跡復原為一座面闊八間、進深三間的四阿重檐式殿堂。殿堂東西長三十．四米，南北寬十一．四米。殿堂前面是廣庭，面積約五千平方米。基址四周為廊廡式建築環繞。大門在基址的南牆中部，寬三十四米，有三條通道，通道之間有小型室四間，可能是守衛人員的衛室。廊廡東北角開設小門兩個，大概是所謂的闈門。

二號宮殿基址平面為長方形，南北長七十三米，東西寬五十八米，形制基本上與一號宮殿相仿，惟面積略小於一號宮殿。殿堂位於北部，建在長方形台基之上。台基四周有一周柱穴，東西十個，南北四個，內有兩道南北向隔牆，分隔成三間宮室。與一號宮殿相仿，基址四周為廊廡式建築環繞。大門位於南牆偏東處，中央為門道，門道兩側有塾（古代門道兩側的房），東廊下還鋪設有陶質水管道。

宮殿四周有鑄銅、製陶、製骨手工業作坊，以及一般的居住遺址、水井、窖穴等，其間有道路相通。一號、二號宮殿的發現，以及它們與周鄰居址、水井、窖穴和墓葬的關係，反映出二里頭已經具備了早期都城的規模。

二里頭遺址的年代，據碳十四測定為西元前一九〇〇～前一五〇〇年。目前，關於它的分期，有四期、五期等多種說法，其中持四期說者佔多數。雖然在分期問題上意見不一，然而在一個問題上意見還是比較統一的，這就是大家都認為第三期是最繁榮的時期。

二里頭遺址的發現，解決了夏都城中的一些問題。比如，通過二里頭的一號、二號宮殿遺址的發掘和研究，可以知道：夏王朝的都城不僅僅是一個行政機關，在這個政治中心的周圍，還有一系列的經濟實體，比如手工業作坊等；夏王朝的王室宮殿是建築在較高大的夯土台基上的，這一建築形式對後世有著至深的影響；夏王朝時期的宮殿建築的屋頂上，還沒有鋪瓦，當然也就沒有瓦當、鴟吻等較為複雜的建築構件；夏王朝的宮殿裡已經具備排水設施；宮殿整體雖然還沒有左右對稱、中軸線的意識，但是在具體的宮殿建築當中，卻有主殿居中、主殿周圍繞以回廊、左右對稱、採取封閉式結構的建築意識，等等。

繼夏朝之後，據文獻記載，西元前十六世紀，中原地區出現了中國歷史上第二個王朝——商王朝。商王朝存在的時間較長，據文獻記載，從商湯建國，到商紂王滅國，共傳十七世、三十王，歷時五、六百年。

商王朝的開國君主是成湯，成湯定都於亳。關於亳的地望，史學界意見是很不統一的，目前流行的有關中杜亳、偃師西亳、山東營縣濟陽曹亳、商丘南亳、鄭州鄭亳等七說，而重點在西亳和鄭亳。成湯之後，據文獻記載，商都先後五次遷徙。這五次遷徙的大致情況是：仲丁遷囂（或寫作卩敖），河亶甲遷相邑（河南內黃縣南），祖乙遷庇（河南溫縣東北），南庚遷奄（山東曲阜），盤庚遷殷（河南安陽）。另外，帝乙當政時（一說為帝辛當政時），曾將國都的重心移往（有的人認為是遷至）朝歌（河南淇縣朝歌鎮）。若如此，僅據文獻記載，商代的都城前後至少有六座（朝歌除外）。

關於商王朝的都城，目前研究較多的是河南偃師商城和鄭州商城，以及安陽殷墟。河南鄭州商城，很可能就是文獻記載的商都卩敖；河南安陽殷墟，就是文獻記載的商都殷；河南偃師商城，很可能就是文獻所記載的西亳。若如是，則自商湯至於仲丁，前後六代，共十一王，約兩百年，商朝都是以偃師商城為都的。

偃師商城位於河南偃師縣西塔莊村一帶，其西距二里頭遺址約六公里，就在偃師市的西緣。平面呈長方形，南北長一千七百一十米，東西寬一千兩百四十米。數年前，考古工作者相繼發現了東、西、北三面的城牆，以為南牆已被洛水沖毀。最近，中國社會科學院考古研究所商城隊找到了南牆的東南牆拐和西南牆拐，這為了解偃師商城的南城垣的走向和布局提供了重要依據。

近些年來，在偃師商城的東、西、北三面城垣上發現了七個缺口，計北城垣上一個缺口，東西城門各三個缺口。目前經過考古發掘的共有三座城門。其中西二城門門道全長十九．四米，寬二．三～三米，門道下面有一條石結構的排水溝，與城外護城壕溝相通，全長八百多米，寬約十一．三米，底部用石板鋪砌。

城內南半部有三座小城。宮城居中，平面近正方形，四周有厚約三米的夯土圍牆，周長八百餘米。南牆正中有一大門，大門南向有一條大路，通向大城城南。宮城內有成片的大型宮殿基址，長、寬都有數十米。其中宮城東部偏北的四號基址，東西寬五十一米，南北寬三十二米，包括正殿、庭院、東西廡殿、南門和西側門等，是一處四合院式的宮殿建築。正殿在基址北部，東西長三十六．五米，南北進深十一．八米，台基殘高〇．四米。台基南側有間距相等的四個長方形夯土台階，每個台階有三層踏道可供上下。台階東西寬約兩米，南北長約二．五米。宮城東北和西南，另有兩座小城，平面均呈長方形，其中二號城經過發掘，內有成排建築。兩座小城沒有出土任何遺物，很可能是武庫。

偃師商城的發現，對於我們了解商代早期的城市布局有一定的積極意義，它至少向我們提示：商代早期，中原境內，部分都城已經具備了較為完善的城垣；四面城垣（南面城垣除外）皆開有供人出入的城門；城市平面呈長方形；宮城築於大型的夯土台基之上；宮城有大道向南延伸；城內已經建有武庫。

2. 洛水河畔的東周王城

自商朝中期將都城移出洛陽之後，洛陽情況不明。西周時，文獻記載此地相繼建洛邑和成周城，並作東都。考古工作者在此已經工作數十年了，目前還沒有發現洛邑和成周城的城址，但是卻發現了一批與西周文化有關的墓葬。目前，對於周人在洛陽的建築，了解較多的是東周時期的王城（據記載還有成周城，它是東周晚期的都城）。王城是周平王遷都後的國都。從周平王到周敬王，東周以此為都凡兩百餘年。

東周王城遺址位於現今河南省洛陽市偏西，也即洛、澗二河交匯處。城址平面近似正方形，它的北牆和南牆不平行，東牆和西牆也不平行，西牆偏南跨越澗河一段明顯外突，凸出了一個不規則的刀把形（見圖10）。令人感到驚奇的是：數百年後，隋唐洛陽城的北牆東段也稍稍向北抬頭，西牆南段也跨越洛河，凸出了個不規則的刀把。

東周王城的城垣是夯築的。北牆位於澗河東岸，筆直，保存尚好，全長約兩千八百九十米；西牆因為靠近澗河，中段已被澗河水沖毀，只保留了偏北、偏南的大部分和中部的極小部分，偏南城牆在澗河西岸，偏北城牆在澗河東岸，它們明顯不在一條直線上；南牆只保留了西邊跨越澗河的一段，在現今瞿家屯一帶，這是一條筆直的牆，只是它的中段和東段已經被洛河水沖毀了；東牆目前只發現偏北的一段，長約一千米，也是一條筆直的牆。大體知道，這座不太方正的東周城，東西寬約三千米，南北寬約三千兩百米。

東周王城的城垣，寬約十米，顯然不是一次建築的。在許多的地段，都發現有補築的痕跡。補築用板築法，質地堅硬，表面留有木板痕跡和排列有序的木棍

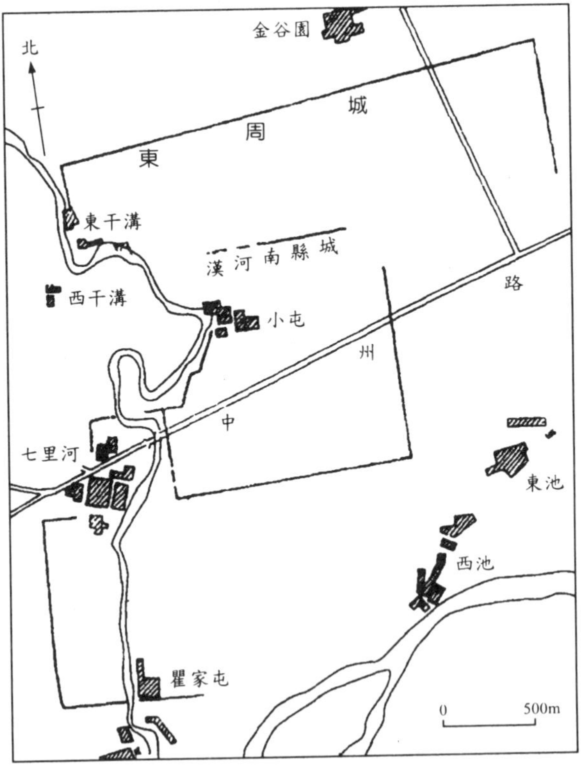

圖 10　洛陽東周城址圖

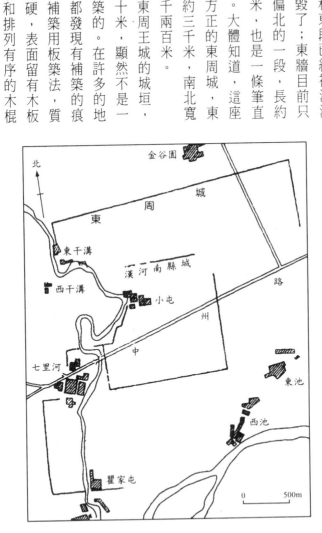

柱洞。另外，北牆之外側還發現護城壕溝，深約五米。

東周王城的平面布局，目前只知道其大致情況。東周王城的中部被漢代的河南縣城所疊壓，早期的遺址已經蕩然無存，這裡原有什麼建築，已經無法得知了。王城的西南角是王宮所在，看來是沒有什麼問題了。文獻記載：周靈王二十二年（西元前五五〇年），下了暴雨，谷水和洛水都往上漲，瀉水而下，幾乎將東周王城的王宮給沖毀了。谷水是澗河的一支，入洛處實為澗水；澗水入洛處，正好就在王宮的西南角。考古工作者在此處發現了南北兩處大型的夯土建築遺址，其中北面基址東西長三百四十四米，南北寬一百八十二米，四周築有城牆，裡面還有方形的建築基址，基址附近還發掘到大量筒瓦、板瓦和瓦當等遺物，都是東周時期的遺物，據此判斷，這裡應是當時王宮裡的重要建築。在東周王城的西北部，近些年來相繼發現大量與製陶、製骨、製石器、冶鑄青銅有關的作坊遺址，還發現了陶窯、水井、房址、排水設施，以及大量的製陶工具，估計東周時期這裡是手工業作坊區和居民區。宮城區偏東，鄰近洛河的地方，發現很多戰國時期的糧食倉窖遺址。

近年來，配合基建，中國社會科學院考古研究所洛陽唐城隊在東周王城附近，特別是在中州路近左，發現了許多春秋至戰國時期的墓葬，出土了許多青銅禮器，還有車馬坑。青銅禮器器形制較小，製作稍顯粗糙。

通過目前所得到的資料，我們大體知道：東周王城南鄰洛河，西跨澗水；四周有城垣，不鄰河的地方，城外還有護城河；宮城區位於王城西南角，宮城內的主要建築是南、北二宮；北宮中的主要建築都築於大型的夯土台基之上，屋頂已經鋪瓦，並出現瓦當；手工業作坊、居民區主要分布在王城北面；城的東部有戰國時期的糧倉。宮城區內發現南北兩座大型的建築，這是很重要的發現。當時的一些諸侯國的宮城也採用這種布局，兩漢時期，洛陽城仍沿用這種平面布局方式。

3. 漢晉時期的洛陽城

東周中期，周敬王當政。他和王子朝關係不好，兩人爭奪東周的控制權。周敬王在王城裡失勢，只好放棄王城，逃往另外一座距離王城很近的城市——成周城。成周城在什麼地方，目前還無定論。從周敬王開始，一直到東周末年，凡兩百餘年，東周的首都就設在成周。

洛陽再度崛起，是在漢魏時期。這時，洛陽再次成為東漢、曹魏、西晉、北魏的國都，洛陽的政治地位再次重要起來。漢魏時期的洛陽城，位於現今洛陽市以東十五公里處。據說，這裡是當年成周城的一部分。近年來，中國社會科學院考古研究所漢魏工作隊在此剖析漢魏時期的城垣，發現在漢魏洛陽城城垣之下，疊壓著東周時期的城垣遺跡。這是一個很重要的信息，它為我們了解東周後期兩百多年的都城成周城遺址提供了重要線索。為了以慎重的態度處理問題，目前還不敢斷言：漢魏工作隊所發現的那段早期城垣就是東周時期的城垣。即使是東周時期的城垣，目前對其規模和走向也不甚清楚。

漢魏時的洛陽城，經過數十年的發掘，初步掌握了它的形制和布局。古城平面為不規則長方形，四面城垣多曲，夯築，厚達十四～二十五米。東城垣長約四千兩百米，南城垣長兩千四百米，西城垣長三千七百米，北城垣長兩千七百（見圖11）。由於文獻稱其東西為六里，南北為九里，故而一些文獻稱其為「九六城」。為了加強城防，漢晉時期在城垣外側都附設城垛。目前在大城的西、北兩面城垣上發現了七座城垛，還在金墉城上發現十一座城垛。城垛間距一百一十～一百二十米，夯築，平面均作長方形，分為大小兩種，大城垛十九．五乘十二．五米，小城垛十八．三乘八．三米。這些城垛一直沿用到北魏時期。北魏時，一些城垛毀壞，北魏政府便用小磚加以修葺加固。這些城垛是迄今所見我國內地古城中出現最早的城垛實物。

《水經注》和《洛陽伽藍記》等記載，漢魏時，曾從洛陽西引谷水東注，於該城西

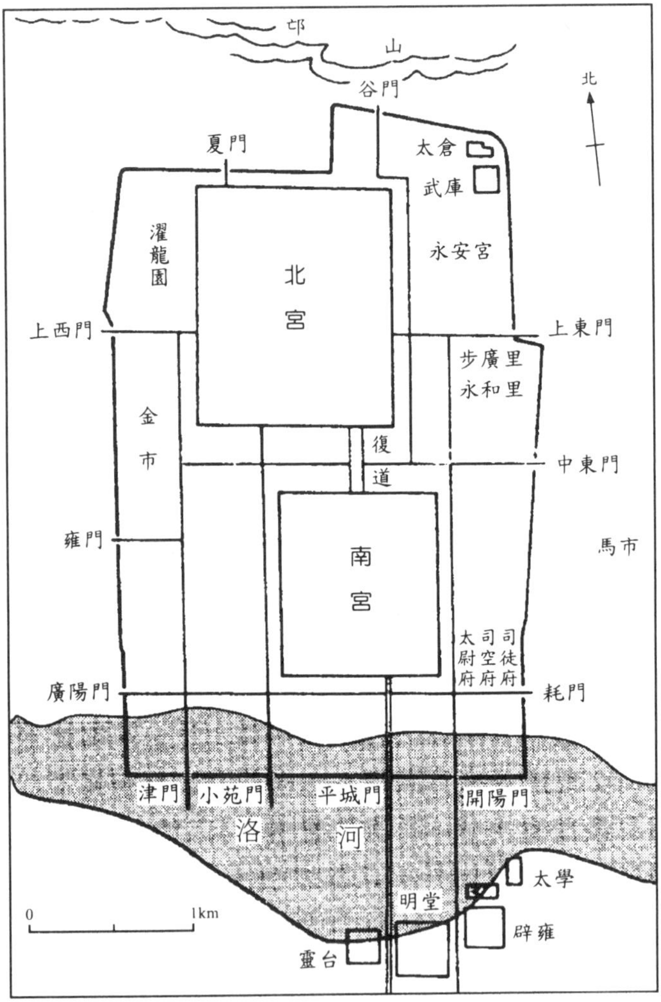

圖 11　東漢洛陽城平面圖

北角分流環繞大城，以充當護城河。另外，諸水流經一些城門時，旁叉一支，分流進入城內。勘探表明：文獻所載原則上正確，確有谷水在今翟泉村附近分流，成三支，向南、向東、向北，流向洛陽城。有的充作護城河，有的充作宮苑用水，有的在充作護城河的基礎上再分流入城。所有這些水道，充作護城河的，其走向均與城垣平行，並保持一段距離。經鑽探，護城河寬十八～四十米。

漢魏洛陽城共有十二座城門。東面三座城門，由南向北為望京門（魏晉易名清明門）、中東門（魏晉易名東陽門）、上東門（魏晉易名建春門）；西面三座城門，自南而北為廣陽門（北魏易名西明門，門址稍稍北移）、雍門（魏晉易名西明門、北魏易名西陽門）、上西門（魏晉易名閶闔門）；南面四座城門，由東而西為開陽門、平城門（魏晉改名平昌門）、小苑門（或稱宣陽門）、津門（魏晉易名津陽門）；北面兩座城門，由東向西為谷門（魏晉易名廣莫門）和夏門（魏晉易名大夏門）。上述諸門中，目前夏門保存情況最好，有三個門道。

漢魏洛陽城裡的各條大街都與城門相通，它們彼此之間也有接頭、交叉之處。據鑽探，南北向的縱向大街共有五條，最長的大街約為兩千八百米，最短的七百米；東西向的橫向大街也有五條，最長的兩千四百六十米，最短的約五百米。除了個別的大街寬二十米左右之外，其餘的大街均寬四十米左右。城內的大街也和漢代長安城裡的大街相同，分為三段：中央為御道，兩邊有矮牆與左右側道相隔；中央大道只允許公卿、尚書等高級官吏使用，而普通百姓只能行走兩邊的側道；為了綠化，大道兩側種栗、漆、梓、桐四種樹。可見當時洛陽人很注意美化環境。

漢魏洛陽城內的主要建築是南宮和北宮，它們主要坐落在城內偏南部。南宮是一座很古老的宮殿。西元前二〇二年，劉邦登基當了皇帝，初入洛陽，便住在洛陽城的南宮裡，並在此設酒宴款待眾將官。西元二十五年，劉秀初入洛陽，住在南宮的卻非殿；劉秀坐穩了江山之後，又在南宮裡建前殿（西元三十六年）。南宮的位置是比較明確的，平面呈長方形，南北長約一千三百米，東西寬約一千米。

北宮位於南宮之北，文獻稱始建於東漢明帝永平三年（西元六十年），前後歷時五年，至永平八年完工。北宮最主要的建築是德陽殿。據載，這座大殿大梁全部雕花，柱棟全部飾金，大殿高約三丈，可以容納萬人，就是遠在四十里以外，也可以看到這座大殿，其宏偉壯觀可以想見。北宮的平面也是長方形，南北長約一千五百米，東西寬約一千兩百米。據鑽探發掘，南北宮之間相距約一里。

南宮和北宮相望，但是並不毗接。為了方便南北宮之間的交往，至少在西漢時，兩宮之間就修有復道。關於復道的規模和長度，不甚清楚。文獻記載：復道上鋪沙，可以溝通南宮和北宮。劉邦初入洛陽時，住在南宮，每每往北宮去，在道上遇見諸將，通常會下馬與其聊上幾句，如果站得久了、累了，便與諸將坐在復道的黃沙上，繼續聊。

洛陽城西北隅的金墉城始築於曹魏時期。其地勢高亢，形如堡壘，背倚邙山，俯視城區，戰略地位非常重要。金墉城的功能與曹魏時期鄴北城西北隅的三台建築，在方位和功能方面都有極為相似之處，疑有承襲關係。勘察得知，金墉城由三座南北毗連的小城組成，彼此有門道相通，總平面略呈目字形，南北長約一千零四十八米，東西寬約兩百五十五米，總面積達到二十六萬平方米。金墉城的城垣夯築而成，堅硬結實，垣寬十二～十三米。金墉城共有八座城門：北面城西垣、南垣各一座；居中城西垣開兩門；南面城四面各開一門。諸門皆為一個城門洞。城內發現二十餘處夯築台基，以及一些道路、水池遺跡。

漢魏洛陽城的行政機構，主要是在南宮的東南，這裡有太尉府、司徒府和司空府。北宮的東北築有太倉和武庫。前者是儲藏軍隊兵器的地方，後者是儲藏皇室及政府、守城部隊糧食的地方。

城內住著一部分貴族，主要分布在上東門一帶，也即漢魏洛陽城的東北角偏南位置，據文獻記載，這裡有步廣里和永和里等。比如東漢末年的董卓，住宅就在永和里。

和西漢時的長安城有些相似，洛陽的平民百姓主要生活在城外，尤其是住在靠近洛陽城城門的地區，少數居住在城市的北部。他們也是按「里」進行管理，這時的「里」與前世的「坊」沒有什麼不同，只是名稱發生了變化。據文獻記載，洛陽城轄有兩百二十個里坊。

漢魏時期，洛陽有三個市。金市位於北宮西南、南宮的西北；馬市位於城東建春門外兩里谷水南；羊市位於大城之南，有些文獻也稱其為「南市」。金市以經營貴重的金銀、珠寶、首飾等為主，這在文獻上有反映；馬市和羊市主要經營什麼，目前的資料沒有反映出來。

經過西漢董仲舒等人的推崇，古代一些禮制建築更趨制度化。西漢後期的建築對此有反映，漢魏時的建築反映更為明顯。目前在漢魏洛陽城南郊發現的辟雍、明堂、靈台很能說明這個問題。這些建築，據文獻記載，都是修築於東漢光武帝建武三十二年（西元五十六年）。將禮制建築建於城南，這種布局對後世影響很大，直到明清時期還能看到這種影響。

東漢時期已經有了比較規範的學校，太學就是其中的一種辦學方式，這是東漢王朝的最高學府。學校裡的教授都是全國最有聲望的學問家，學生最多時達到過三萬餘人。經過勘探和發掘，初步認定，東漢時期的太學遺址現有兩處：一處在辟雍遺址以北，平面為長方形，遺址附近曾出土石經殘件；另一處在其東北約一百米處，平面呈方形，四周有圍牆，這很可能就是當年太學生們的「宿舍」。

漢魏時期的洛陽不僅是當時我國政治、經濟的中心，而且也是文化的中心。著名的文學家班固就是在這裡寫下了中國第一部斷代史《漢書》；著名科學家張衡就是在這裡創造了渾天儀和候風地動儀；三國時的著名文學家曹植等建安七子，晉代的稽康、阮籍等竹林七賢，以及潘岳、左思、陸機、陸去等二十四友，也都是生活在洛陽。左思在這裡寫下了〈三都賦〉，寫得是那麼美，富貴之家都爭著相傳抄誦，結果洛陽紙價都上漲了，衍化出「洛陽紙貴」的典故。

漢魏洛陽城裡還修築有苑園。永安宮位於北宮的東北，東南臨近上東門，東北臨近武庫和太倉，這裡景色優美、環境幽雅、氣候涼爽，是個避暑的好去處。濯龍園大概位於北宮的西北角，上西門的東北角，夏門的西南角，園內除有濯龍池外，其餘布局不詳。除此之外，文獻還稱：漢魏洛陽城附近還有上林苑、芳林苑、西苑、鴻德苑、顯揚苑、長利苑、靈琨苑、菟苑、靈囿、御龍池和靈芝池等。

漢魏洛陽城是西漢長安城和漢魏鄴北城的中間過渡形式。在這座古城裡，既可以看到西漢長安城平面布局的一些東西，如城內布局以宮城的修築為主、宮城自成系統等，同時也可以看到一些漢魏鄴北城平面布局的一些東西，如衙署相對比較集中。從這個意義上說，漢魏洛陽城在中國都城建設史上還佔有一定地位。

4. 北魏首都洛陽城

永嘉之亂後，中原又爆發了戰爭，昔日豪華的洛陽城再一次經歷了戰火的劫難，很多重要的建築都變成了一片瓦礫灰燼。西晉衰亡後，北方連年征戰，洛陽一直處於戰爭環境當中。直到北魏統一中原，洛陽附近的戰火才算暫時停息。

北魏是在我國黃河以北興盛起來的國家，故而其最初的國都設在平城（今山西大同市）。以後，隨著北魏版圖的不斷向南擴大，政治中心南移便被提到日程上來了。北魏的統治階級，在權衡了許多城市的條件之後，才決定將國都由平城移至洛陽。議遷國都時，過慣了游牧生活的北魏大多數貴族都不肯南下，對遷都提出異議，然而形勢又要求北魏政府迅速將政治中心遷到中原來。北魏皇帝孝文帝試著說服許多大臣，希望他們支持自己的遷都之議，但是遭到了眾多貴族和有聲望的大臣們的反對。沒有辦法，孝文帝只好來個「機動靈活」。孝文帝先是藉口有敵軍侵入北魏的疆土，要率北魏大軍南下親征；行至洛陽後，他就住了下來不再移動了。通過這種手段，北魏才將國都從平城遷到洛陽來了。

北魏遷都之始，一切都顯得倉促。遷至洛陽時，宮城尚未修好，就連皇帝也沒有地方住，作為權宜之計，孝文帝暫住在金墉城裡；其他大臣和行政官衙，都是臨時找地方辦公。太和十九年（四九五年），經過兩年的大興土木，洛陽宮城與衙署區初具規模。

北魏經營洛陽城，是在漢魏洛陽舊城的基礎上進行的，但又有很大程度的改動。最重要的變化便是廢除了東漢以來的南北兩宮制度，建立了單一的宮城（見圖12）。據勘察，北魏的宮城位於全城的北部略為偏西（和隋唐洛陽城有些相似），是在原漢魏北宮的基礎上興建起來的。北魏的宮城平面呈長方形，四面築夯土牆，東西二垣各長一千四百米，南北二垣各寬六百六十米；南牆近西端處開一巨大城門，即宮城的正門——宣陽門；正殿名太極殿，位於宮城稍稍前偏的位置，與閶闔門對直。

北魏的洛陽城有十三座城門：除了原有的十二座城門（城門名稱稍有變易）外，在閶闔門的北面又增闢了一座城門，名承明門。由於宮城的範圍和個別城門的位置發生了變化，城內的街道也有一定的變化：廣莫門和昌平門之間有一條縱貫全城的南北向大街；

建春門與閶闔門之間出現了一條東西向的橫貫全城的大街，這條大街將宮城分為南北兩部分，南半部是朝會之所，北半部是寢宮所在；由於宮城的南門閶闔門與南城的南門宣陽門對直，所以閶闔門至宣陽門一段的南北大街成為全城的中軸線；宗廟、社稷和太尉府、司徒府等官府分列在中軸線東西兩側。

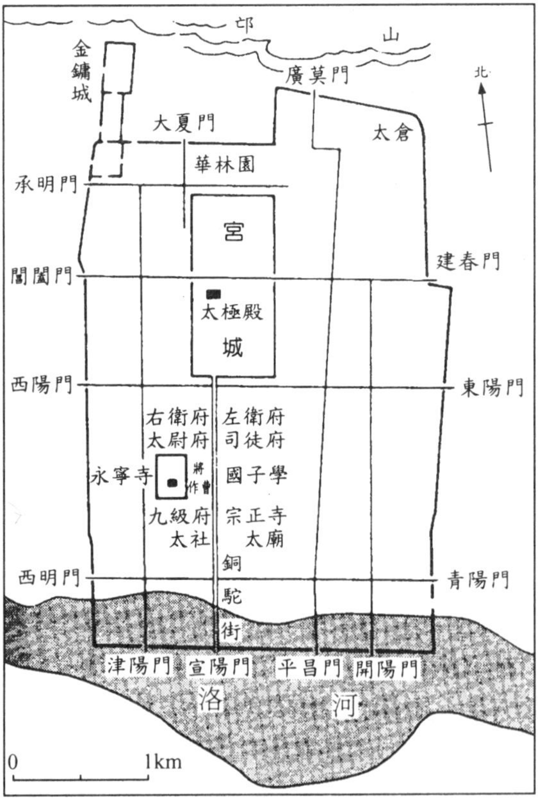

圖 12　北魏洛陽城平面圖

文獻記載，北魏宣武帝在位時，曾在洛陽城的外圍增築外廓城，其東西達到二十里，南北也有十五里，範圍非常廣大。在整個的外廓城內，北魏劃分了兩百二十個方形的里坊，各等百姓都住在里坊內。每坊都四面築坊牆，以方便和加強管理。將諸里坊設在宮城的東、西、南三面，特別是設在宮城和官署區的南部，是對傳統的「面朝後市」的大膽否定，受到了曹魏鄴北城平面布局設計思想的影響，其對以後的東魏和北齊所建的鄴南城、隋大興城、唐長安城、唐洛陽城的城市平面布局產生了深刻的影響。

據《洛陽伽藍記》卷三《城南》記載，在宣陽門外四里處有洛水，洛水上架橋，稱永橋。永橋以南，圜丘以北，伊水和洛水之間，夾峙著御道，還有一些很特殊的里坊。御道以東有四館，稱金陵、燕然、扶桑、崦嵫四館；御道以西有四里，稱歸正、歸德、慕化、慕義。它們是專門為僑居此處的周沿少數民族以及遠道而來的外國客人預備的居住區。據說，最盛的時候，這裡居住的外國人和少數民族的住戶達到了「萬有餘家」。

北魏時，商業貿易的場合有所變化。商業更趨集中，更趨與手工業作坊靠近。據文獻記載，洛陽城西陽門外四里多路程，御道之南有個「洛陽大市」。「洛陽大市」竟然佔去了十個里坊：市東有通貨、達貨兩個里，以商人和手工業者居多；市西有調音、樂律兩個里，專營樂器，還培養藝人；市南有延酤、治觴兩個里，以釀酒為業；市北有慈孝、奉終兩個里，主要從事與喪葬有關的業務；另有兩個里，名叫準貨、金肆，主要從事金融業。

洛陽城東青陽門外三里許，御道北還有「洛陽小市」，這是經營日用生活品的；城南有外國人及周鄰少數民族所居住的四館和四里，胡人頗多，多經營舶來品；洛河之南，有四通里，民間稱之為「永橋市」，是鮮活市場。

北魏時期，洛陽城寺院和園囿很多。較大的園囿，見諸於文獻者，有宮城西北角的西遊園、宮城北面的華林園等。西遊園位於宮城的西北角，園中原有魏文帝時修建的凌雲台，台上原有八角井。華林園原是魏晉故園，園中原有湖泊稱「大海」，又叫「漢天淵池」，池中原有魏文帝時修建的九華台。

魏晉南北朝時期，階級矛盾和民族矛盾都比較尖銳，統治階級試圖利用各種手段來消除人民的反抗，以維護自己的統治。由此，佛教在此時期興盛起來了，隨之，佛教寺院空前發展。漢魏時期，洛陽城內的佛教寺院非常多，而且規模相當大。據文獻記載，晉懷帝永嘉年間，洛陽城內的佛教寺院僅四十二所，到了北魏時期，洛陽的佛教寺院竟然達到一千三百六十七所。洛陽城內，北魏的佛教寺院，竟然與漢代的靈台比高。在所有的佛寺當中，規模最大的是永寧寺。

永寧寺位於宮前閶闔門南一里御道西（今洛陽市白馬寺附近），中心建築是一座浮圖（塔），在塔的北面還建了一所佛殿（即正殿）。當時最引人注目的是佛塔，因為它高達一百丈，相傳，如果天氣晴好，距離京師百里之外，就可遙遙望見永寧寺里的這座浮圖。一九七八年，中國社會科學院考古所對永寧寺進行了全面勘探和發掘，發現了寺牆、寺門、木塔、大殿等遺址。永寧寺因火災而廢。在經過火焚的廢墟中，近年來，考古工作者發現了大量泥塑殘件和數以萬件的彩繪影塑作品。這批資料對於研究北魏時期的民族、雕塑藝術、服飾、頭飾、髮式以及彩繪藝術等，都具有極為重要的意義。

漢魏洛陽城毀於戰火，時間就在北魏末年。五四七年，曾在北魏作過撫軍府司馬的楊衒之遊洛陽，看到洛陽城廓崩毀，宮室都已傾覆，寺院化為灰燼，廟塔成為廢墟，心中十分感慨，便寫下《洛陽伽藍記》一書，追述洛陽昔日的輝煌。這本書記述了洛陽的城廓、宮殿、佛寺、園林、里坊、名勝，為我們研究北魏洛陽城提供了最為可貴的資料。

5. 夾河而列的隋唐東都

六〇四年，隋煬帝楊廣登上北邙山。在高聳的北邙山上，隋煬帝向南望去，只見洛陽依山帶河，龍門伊闕皆在其間，不由長嘆：「為什麼古代的帝王們都不肯在這麼好的地方建立都城呢？」隨行的大臣中有一位名叫蘇威，一向善於逢迎巴結。見到這種情景，他立即應答道：「前代的列王列帝，都想著將這塊風水寶地留給您呢！」隋煬帝聽到此話，大為高興，便下令將洛陽定為東都。

這裡一段說詞，未必能當真，因為在確定洛陽為東都之前，煬帝在詔書中把原因講得很清楚：洛陽這個地方依山靠水，控制著三條河流，戰略地位非常重要；這裡水陸交通都很方便，而且居天下之中心位置，各地貢賦的路程都很平均。

隋大興城始建於六〇五年，主持修建的大臣是尚書令楊素、將作大匠宇文愷。當時，漢魏以來的洛陽城已殘破不堪，荒頹至極，無法再利用了，所以楊、宇二人便放棄了漢魏洛陽城，而在舊址以西十八里處營建新都。隋朝營建新都，工程十分浩大。據文獻記載，每月役使的成年勞動力達到了兩百萬人。經過一年的艱苦努力，一座新的都城終於在洛河河畔聳立起來了。這座都城一直被隋唐兩朝使用，故文獻稱其為隋唐的東都城。

隋唐的東都城，北依邙山，南對伊闕，東跨瀍河，西臨澗水，洛河貫穿其間，形勢十分險要。隋唐洛陽城由外廓城、宮城、皇城、里坊和市組成（見圖13）。宮城位於皇城的北面；皇城位於廓城的西北；廓城東部及洛水南岸為里坊區；宮城的北面有曜儀城和圓壁城；皇城東面有東城，東城的北面是含嘉倉。整個城市的布局即是對歷代都城布局的匯總，防禦設施又較歷代都城更為完備。

外廓城　平面呈方形，南寬北窄，城垣夯築。東城垣七千三百一十二米，西城垣六千七百七十六米，南城垣七千兩百九十米，北城垣六千一百三十八米，總周長兩萬七千五百一十六米，合五十五里。外廓城垣共開十座城門。東面三門（自北而南）為上東門（隋稱上春門）、建春門（隋稱

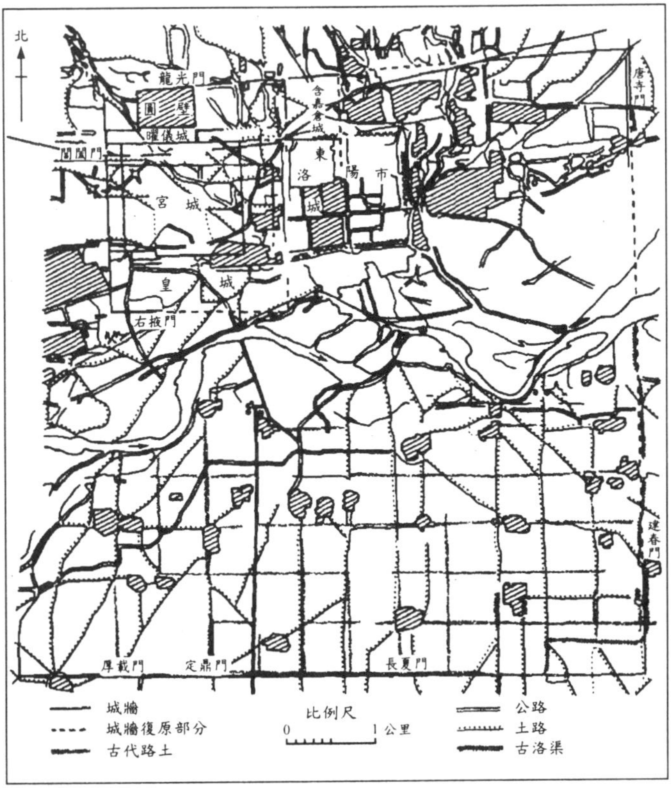

圖 13　唐洛陽城平面實測圖

建陽門）、永通門；南面三門（自東而西）為長夏門、定鼎門（隋稱建國門）、厚載門（隋稱白虎門）；西面兩門，南為麗景門，北為宣曜門；北面兩門，東為安喜門（隋稱喜寧門），西為徽安門。定鼎門是外廓城的南面正門。目前已經勘察清楚的是長夏、定鼎、厚載、建春諸門，它們都是三個門道。

宮城　又稱紫徽宮，是皇帝議事和起居的地方，位於廓城的西北隅、皇城的北面。平面近方形，東西略寬，南北稍短。宮城四周築城垣，城垣夯築。城垣厚約十六米，內外砌磚。宮城北面有門，名玄武門；西面有門，名嘉豫門；南面共有四門，依次（由東向西）是長樂門、應天門、明德門、重光門。應天門是宮城的正門，門為兩重觀，上有紫徽觀，左右連闕，闕高一百二十尺，目前已經發掘其東半部分，發現垛樓、闕樓和連接門，垛樓、闕樓之間的廊廡。應天門的形制規模宏大，氣勢壯觀，其形制與唐長安城大明宮含元殿前的門闕相似。

宮城的正殿為乾元殿，有些類似於長安城太極宮中的太極殿，這是大朝之所。乾元殿西側為宣政殿，這是常朝之處。在宮城中還有貞元殿等大型宮殿。據記載，武則天時，曾改正殿乾元殿為明堂，時在六六八年。這座明堂遺址已經發掘，夯土建築台基呈八角形，殿基正中有圓形大柱坑。玄宗時，拆毀明堂，再改明堂為含元殿，為正殿。

皇城　位於宮城之南、外廓城西北。皇城圍繞在宮城的東、南、西三面，東西兩側與宮城的城牆之間形成夾城（城牆內外兩側砌磚），城牆夯築，厚十四～十六米。皇城的南面正中是端門，這是皇城的正門，它與宮城的正門應天門、廓城的正門定鼎門同在一條中軸線上。端門的東面是左掖門，西面是右掖門，位置左右對稱，其中右掖門已經發掘，是一門三個門道。

里坊　城市居民的住宅區，隋稱里，唐稱坊，合稱里坊。文獻記載，隋朝時，洛陽有一百二十坊和豐都、大同、通遠三個市。豐都市位於洛河南岸偏東，也稱東市，周八里，裡面共有一百二十個行、三千多家肆、四百餘家鋪；大同市位於洛陽城的西南部，亦稱南市，周四里；通遠市在洛水之北，稱為北市，周六里，因其地近漕運，所以主要與漕運商業有關，在其市內通常有來自郡國的船隻萬餘隻。

唐時，東都洛陽城內共有一百零三個里坊，也是三市。目前已經勘察出洛南的五十五坊，洛北的九坊。諸坊平面呈方形或近似正方形，長寬都在五百五十～五百八十米之間。里坊皆有坊牆，坊牆正中開門，坊內正中設十字街。最近，中國社會科學院考古研究所洛陽唐城隊發掘了白居易居住過的履道坊的一部分，對認識唐代的里坊具有一定的意義。三市的情況與隋朝略有不同：隋朝的大同市（南市）移至舊址西南的本固坊，改稱西市；通遠市仍稱北市；豐都市因在洛河以南，改名為南市。由於西市時建時撤，存在時間不長，故許多文獻都稱洛陽僅有二市，即南市和北市。

在隋唐洛陽城的布局當中，還需要提到隋朝的西苑和唐朝的禁苑（又稱東都苑或神都苑），以及兩座離宮——上陽宮和西上陽宮。

隋朝時，在洛陽城西建西苑，周兩百里，大體東起現今洛陽金谷村、西至新安縣境，北起邙山、南達伊闕諸山。苑內沿龍鱗渠建了十六所宮院，徵集了各地的奇花異草、珍禽異獸。苑內有海，周十餘里，有蓬萊、方丈、瀛洲諸山，高出水面百餘尺。唐時，以隋西苑為基礎，唐修東都苑，規模和範圍都較隋代縮小，周長一百二十餘里。

在東都苑之東，宮城的西南隅，南臨洛水，西拒谷水，唐高宗時建上陽宮。這是唐代洛陽宮殿中最宏偉壯麗的建築。上陽宮正門為提象門，正殿稱觀風殿，門皆向東開，與皇城緊緊地連在一起。在上陽宮之西，隔著谷水，又有西上陽宮。

隋唐洛陽城由於有洛河貫穿其中，很有發展交通的潛力，所以隋煬帝建都之初，便決意改善洛陽的交通和運輸。大業元年（六〇五年）三月，隋煬帝下令動工開鑿運河。首先是開通濟渠，將澗水、洛水、黃河、浪蕩渠、淮河、邗溝、長江連接起來；其次，他下令開通了永濟渠，將沁水與黃河連接；其三，開江南運河，自京口（今江蘇鎮江）

至餘杭（今浙江杭州）八百餘里。運河修成後，自洛陽起，西至長安，北至涿（音ㄓㄨㄛ）州，東至海，南至杭州，水路運輸通暢無阻。洛陽的交通大大改善。

隋唐時期，東都洛陽是商業非常繁榮的地區，同時還是國際貿易的重要商埠之一。據文獻記載，隋唐時，在洛陽經商的胡人不少。比如《資治通鑑．隋紀》大業元年春條就提到：少數民族請求進入豐都市貿易。又如，龍門石窟古陽洞北一小龕的銘刻中提到，中亞古國康國、安國、史國等商人就在洛陽營北市香行社從事商業活動。另外，文獻提到洛陽諸市中有波斯胡寺、胡祆寺、祆神寺（這是古代波斯和中亞居民信仰的一種宗教），考古學者在洛陽發現過波斯薩珊朝的銀幣。

安史之亂時，洛陽受到嚴重破壞。安史之亂平定後，洛陽的人口還不及原先的十分之一。以後，朱溫在汴梁稱帝，建後梁，都洛陽；後唐滅後梁，建後唐，亦都洛陽。後晉滅後唐，本想建都洛陽，但因這裡經濟已經不如開封經濟發達，在此僅設都一年有餘，便將都城遷往開封去了。

四、兩宋都城開封與杭州

開封是中國歷史上的一座著名古都，位於黃河中下游的豫東大平原上。它背靠豫西起伏的山地，東南面向波濤滾滾的汴水，北面有黃河和濟水，南面有許多的湖澤。豐沛的水源，優越的地理環境，為開封的經濟文化發展提供了有利條件。

開封，古時稱為大梁，又名汴梁。它曾經是戰國時期的魏國，五代時的後梁、後晉、後漢、後周，北宋以及金朝後期的國都，所以，開封號稱「七朝都會」，與西安、洛陽、北京等並列為中國七大古都。

此外，開封一度成為地方政權的都城。如西漢時，這裡是劉邦第二個兒子劉武的封國——梁國的都城；元末，紅巾軍打下了汴梁，劉福通便將汴梁變為農民起義軍都城。明朝初年，這裡曾被定為北京。

杭州也是中國歷史上的一座著名的古都，位於浙江省錢塘江北岸。它北臨杭嘉湖平原，東臨杭州灣，西倚群山和西湖，地理和自然條件十分優越，故俗語有「上有天堂，下有蘇杭」的美稱。

杭州的早期歷史，可以追溯到良渚文化時期。其設為州治則是在隋代。那時，杭州的州治在餘杭縣，而不在現今的杭州市境內。到了五代時期，杭州經濟發展，終於成為吳越國的都城，這是杭州成為都城的開端。自那以後，杭州經常與中原發生經濟文化聯繫，經濟發展很快。到了南宋時期，終於成為中央王朝的都城。南宋從一一三八年在此建都，到一二七六年為元所滅，杭州為南宋都城凡一百三十八年。

1. 從戰國魏都到五代的副都

北宋在開封立都之前，開封曾經是五個王國或者王朝的都城。在戰國時期，開封曾是魏國的都城；在五代時期，開封曾是後梁、後唐、後晉三個王朝的副都，又一度是後梁、後晉、後漢、後周的國都。

開封有城，大概可以追溯到西周晚期，那個時候，這裡是鄭國的地盤。鄭國最初在西邊，西周末年方東遷，東遷之初疆域很小，只有十個邑落，其中一個就在現今開封一帶。文獻記載，鄭國東遷之初，有個大將名叫鄭邴，他接到鄭國國君的命令後，便帶上一撥人馬，開進開封，在這裡開墾土地，興築城市，於是開封逐漸成為城市。由於鄭邴的經營純屬開發性質，所以新建的城就命名為開封。開封，即開拓封疆的意思。

鄭國在此活躍了好幾個世紀，一直都擁有開封城。然而鄭國的開封城是什麼樣子，由於文獻記載的不多，已經無法完整地了解它的形制。鄭國本是一個很弱小的國家，自春秋中期以後，就不多見於史籍了。在以後的文獻裡，我們時常看到有個梁伯的貴族在此活動。據記載，梁伯是受東周之封才來到這裡的。梁伯在現今開封城西南二十多公里的地方築建了新里城。這大概是開封歷史上出現的第二座城市。

在歷史上，開封雖然相繼有了開封、新里二城，但是這些城都不是都城。開封成為國都，是戰國時候的事。戰國時，七雄之一的魏國在此建了都城。將魏國國都由山西遷往開封的國君是魏惠王。這個人曾和中國最有名的學者孟子見過面，討論過問題。

魏惠王將國都遷到開封後，便將原有的城名改了，稱其為大梁城。大梁，就是開封最初的都城名稱。魏惠王為何要將開封稱作大梁呢？文獻解釋說：最初，東周在這裡封過一個梁伯，這裡是梁國之地；當時在魏國境內，共有三個以梁為地名的城池，如少梁（當時名夏陽，即現今的陝西韓城）、南梁（當時名汝縣，即現今的河南臨汝）。為了與它們區別，魏惠王便將在開封境內新建的都城稱為大梁。

魏惠王九年（西元前三六一年）由安邑（今山西夏縣北）遷都於開封，稱大梁。從魏惠王開始，歷經魏襄王、魏昭王等六代國君（西元前三六一～前二二五年），魏國皆在此立都，凡一百三十六年。在這一百三十六年之間，大梁不但是魏國政治經濟文化的中心，而且還是諸侯國經常聚首的地方。

魏國大梁城在今天開封城偏西北一帶。它的北城牆和西城牆已經被發現，大抵就在今天開封北城牆和西城牆的外邊，殘留的極少一段東城牆和南城牆，也在現今開封城境內。總的講來，戰國時期的開封城，主體部分與現今的開封城上下疊壓，稍稍偏往西北。

文獻記載，戰國時期的魏都大梁城共有十二座城門，目前只找到了兩座。一座名叫夷門，也即東門，位於現今北門和鐵塔公園左近；一座名叫高門，也即西門，約在今城西東陳莊一帶。從夷門到高門，相距十餘里。可見這座古城的規模還是不小的。

魏國定都開封（大梁）時，挖掘了戰國時期最宏大的水利工程——鴻溝。鴻溝的中心是開封。鴻溝工程前後分為二期：前期工程主要是將北面黃河的水，或者滎澤的水，引入中牟縣西的圃田（方大湖），而後再從圃田挖一條大溝，將水引入大梁（開封）；第二期的工程是從大梁開大溝，引圃田水東行，然後西南折，與淮河相接。鴻溝的開挖，不僅對於魏國的政治、經濟、軍事的發展起了重要作用，而且使大梁城成為水運網的中心，加強了大梁與各地經濟文化的聯繫。

大梁的手工業經濟和商業經濟很發達，還可從開封出土的大量魏國錢幣看出一些徵候。大梁製作的銅幣，有「布」、圓錢等，製作都相當精美足額，這是經濟發展和手工業發達的表現。

開封為魏都，很快就因魏國滅亡而不復繼續。西元前二二五年，秦王政派遣大將王賁去攻打魏國的大梁。王賁扒開了浚儀渠，用水攻灌大梁。大水徹底地沖毀了大梁的城垣，魏國無法守城，秦兵攻入大梁，魏國亡。

魏國亡後，開封不再成為都城，在秦、西漢、東漢、曹魏、西晉、東晉諸朝時，開封一直是小縣城。文獻記載，西漢時，漢文帝一度將自己的兒子劉武封到開封，讓他當梁王。然梁王在此不久，就將王都遷到商丘去了。

開封「高升」一步，升格為州，是在東魏時期。這時，開封漸漸代替了洛陽，成為中原交通的要道。為了適應這種情況，東魏在這裡設置了梁州。自那以後，北周、隋、唐三朝都在此地設州，號汴州，因開封臨汴水之故。唐代中期以後，開封一度成為宣武軍的治所。

開封重新成為國都，是在五代十國時期。這時，洛陽已經衰弱了，不能再承擔中原經濟、文化、交通、運輸中心的角色。與此同時，開封經過努力，已經漸漸代替洛陽，成為中原經濟、文化、交通、運輸的中心。從政治角度考慮，唐末，這裡成為降將朱溫的政治軍事基地，隨著朱溫在唐王朝中的地位越來越高，它也就成為當時的政治中心了。

西元九〇七年，唐末的權臣朱溫，以禪位方式，謀奪了唐朝的江山，建後梁。後梁的最初首都在開封。稍後，朱溫想控制洛陽，便把國都移往洛陽，而在開封設置了副都。因為開封位於洛陽東面，所以當時被稱作東都。

朱溫所建的後梁政權存在的時間不長，很快便被後唐所滅。後唐控有中原後，將國家的首都設在洛陽，而以開封為副都。後唐也是一個短命的王朝，不久即為後晉所滅。後晉最初是以洛陽為首都。然而，後晉帝石敬瑭在洛陽住了一年多，總覺得洛陽的政治、經濟、交通的地位不如開封，於是將首都定在開封，而讓洛陽成為副都。此後，開封就成為後晉、後漢、後周的國都。

後梁、後晉、後漢、後周時的開封，都城平面布局是個什麼樣，目前知道的情況並不多。近年來，通過文物普查，通過幾十個遺址的考古發掘工作，大體知道：五代時期，開封城共有七座城門，它們是東面的宋門、曹門，西面的鄭門、梁門，北面的酸棗門、封丘門，南面的尉氏門。

五代時期，對開封的擴建，貢獻最多的是後周國君周世宗柴榮。柴榮當政後，對開封城進行了改建。他主要做了三件事：其一，擴拓了城內的道路，使主要街道寬度超過三十步；其二，擴拓外城，使開封的外城周長達到了四十八里以上；其三，重新開挖運河，而且將大運河的樞紐設在開封。隋朝時，煬帝開發運河，使得江南和黃河流域連成一片，這對中原和江南的經濟溝通和互補有重要意義。五代時期，由於戰亂，加上人為的割據，運河不通。周世宗當政後，在擴拓了疆域的基礎上，以開封為中心，重新疏通運河，使得黃河之水南向可到達江淮、壽春，江淮漕運可以直達開封，這對開封經濟發展的意義是很大的。開封從此確定了中原政治、經濟、交通中心的地位。

2. 北宋都城——開封府

後周顯德七年（西元九六〇年），趙匡胤在陳橋驛（河南封丘）發動兵變，建立宋王朝。宋王朝定都開封，稱東京，下轄開封府。以後，趙匡胤兄弟又用二十多年，相繼兼併了各地的割據政權。統一全國後，趙氏兄弟便在宋朝的疆域內建立了四個都城，這就是南京應天府（河南商丘）、西京河南府（河南洛陽）、北京大名府（河北大名）和東京開封府（河南開封）。在這四個都城中，開封是全國政治、經濟、文化的中心。

為何北宋要將全國政治、經濟、文化的中心定在開封呢？究其原因，不外以下幾點：

(1)五代以來，中原的經濟中心開始由西北向東南移動，定都開封只是反映了這種移動。

(2)五代的四個王朝都曾定都開封，特別是周世宗在京師東京增築了外城，整頓了街道，疏通水陸交通，從而為北宋定都開封，以及開封成為全國性大都市奠定了一定的物質基礎。

(3)這裡是趙匡胤發動兵變的地方，是他的政治根據地，他在這裡有一班人馬。

北宋的開封城，是在唐、五代時期的汴州城的基礎上發展而來的。內城的基礎在唐德宗時已經有了，外城的基礎在後周周世宗時期也有了。北宋是在這個基礎上進行了修建和擴建。北宋的開封城分為三重：外城、內城和宮城（見圖14）。

外城 又稱新城或羅城，是在周世宗擴拓的基礎上形成的。宋徽宗時擴展了南面的城垣。外城周長三十公里。其中西城垣長七千五百米，東城垣長八千米，南、北兩城垣各長七千米。城牆堅固雄偉，還設有馬面、戰棚和女頭等防禦設施，城垣厚度不一，一般在十五～二十米之間。外城外側有護城壕溝，稱護龍溝，寬約四十米，深十一米。

據記載，外城垣共有十二座城門。南面三座城門，由東向西為陳州門、南薰門、戴樓門；東面兩座城門，南為新宋門，北為新曹門；西面三座城門，由南而北為新鄭門、萬勝門、固子門；北面四門，由東向西為陳橋門、新封丘門、新酸棗門、衛州門。南薰門為外城的正門。

北宋開封城的諸城門有以下特點：除了南薰、新鄭、新宋、新封丘四座正門開成兩重門外，其餘八座城門都修築有屈曲開門的瓮城，當時的人戲稱其為「臥牛城」；十二座城門都是根據它所通往的方向而命名的，如新鄭門通往鄭州，酸棗門通往延津（當時名叫酸棗縣），陳州門通往陳州（河南淮陽）等等。

除了上面的十二座城門外，由於諸河從城中通過，所以此城又有水門。北宋開封城的外城城垣共有六座水門：汴河上水門、汴河下水

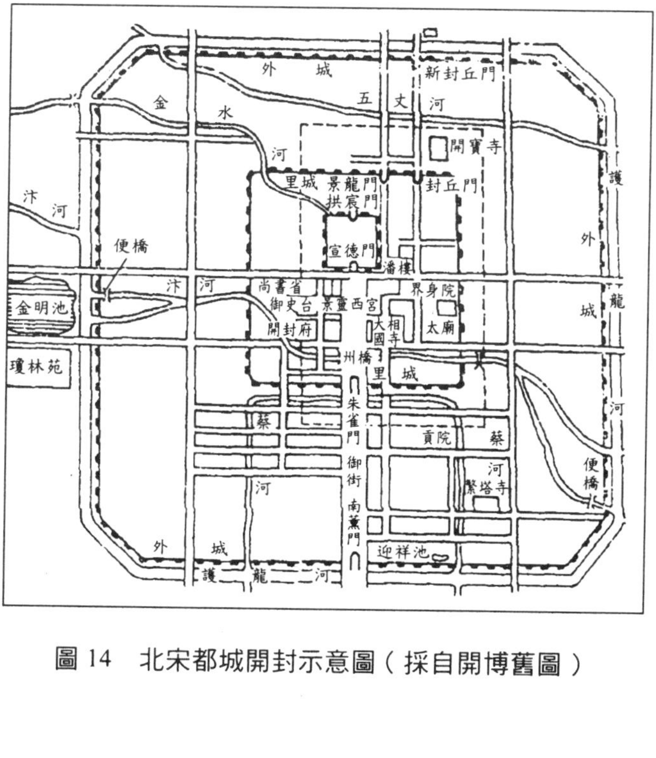

圖 14　北宋都城開封示意圖（採自開博舊圖）

門、蔡河東水門、蔡河西水門、金水河水門、五丈河水門。

對於北宋的開封城，近年來考古工作者做了很多勘探工作，目前已經探明了十座城門，包括著名的開封城正門南薰門。在這十座城門中，共有五座有瓮城。有的瓮城面積很大，幾乎達到了一．三萬平方米，這是歷代都城所沒有的。

內城 又稱闕城、里城，是在唐代汴州城的基礎上重新擴建而成的。據記載，內城共有十座城門：南面三門，由東向西為保康門、朱雀門、崇明門（新門）；東面兩門，南為取景門（即舊宋門），北為望春門（即舊曹門）；西面兩門，南為宜秋門（舊鄭門），北為閶闔門（即梁門）；北面三門，由東向西為安遠門（即舊封丘門）、景龍門（即舊酸棗門）、天波門（即金水門）。正門為朱雀門。據勘探，內城周長九公里，城牆寬八～十五米，南牆位於現存明清城牆北約三百米處，北牆位於今大龍亭大殿北約五百米處。正門朱雀門直通外城南薰門的大道為御街，為南北中軸線，向北與皇城相連，與今中山路基本重合。

宮城 又稱大內、紫禁城。北宋的宮城是在五代時期皇宮的基礎上建築起來的。北宋的宮城位於內城的中央略偏西北，周長約兩萬五千米。內城外圍是外城。這種平面布局為三重城布局，對日後的明清城的平面布局產生了一定的影響。

據文獻記載，宮城共有六座城門：南面三座城門，由東向西為左掖門、宣德門、右掖門；其餘三面城垣各設一門，東為東華門，西為西華門，北為拱宸門。宮城南面的正門為宣德門，又稱宣德樓，莊嚴肅穆，金碧輝煌，為北宋帝王活動的主要場所。

宮城南部是外朝。最重要的建築是大慶殿，位於全城的中軸線上，殿前還有一片廣場，氣勢十分宏偉。這座大殿的基礎還在，基址東西面闊約八十米，南北進深六十多米，台基殘高六米，各面有門。除了大慶殿之外，宮城南區還有文德殿、紫宸殿等，基本上是左右對稱的。宮城的北區為寢宮區，福寧殿為皇帝居住的地方，另外還有各種宮殿。

東京城裡的街道，縱橫交錯。主要街道有四條，分別通往城南、城西、城北和城東，街道寬大整齊，被稱為御街。在這四條大街中，由宮城宣德門經內城朱雀門往外城南薰門的大街最為寬闊，恰好就在全城的中軸線上。除了上面的四條御街外，其他街道成為這四條御道的分支，縱橫四通到各城門。街道都作直交，將街區割成方格狀，十分整齊。

北宋初年，開封城基本上保留了里坊制度，但有變化。據文獻記載，北宋時，都城裡出現了「廂」這一級市政管理機構。至道元年（西元九九五年）的史料稱，開封城共分為八廂，廂設廂吏，下轄一百二十坊，統歸開封府管轄。市民都居住在里坊裡。需要指出的是：宋代開封城的里坊與唐代以及以前的里坊截然不同，北宋的開封城的里坊，打破了以前城市里坊封閉的格局，所有里坊都沒有設置坊牆和坊門，而是臨街開門。

北宋的開封城，有四通八達的水利交通網。從開封城內穿過的有汴河、蔡河（惠民河）、五丈河和金水河。汴河橫穿城中部，是當時最重要的一條河流。蔡河是經過開封城南部的一條河，由陳州、蔡州而來，經過開封入於沙河。五丈河位於開封城東北，是開封東北一帶的漕糧通道。金水河發源於今滎陽縣境，流經開封西南，由西北水門流入京城，它主要是為了解決皇宮用水。開封能成為都城，和境內的豐沛水源、發達的水運有很大關係。

北宋時期，一方面，我國封建社會已經開始由興盛走向衰敗；另一方面，由於客觀原因（開封地處平衍之地），境內卑濕而少山，開封城內宏偉的宮苑建築不再出現了，代之而起的則是園林式建築。據文獻記載，開封的園林建築很多，見於文獻的園林有壽聖殿、龍德宮、延福宮、景靈宮、玉津園、芒林園、下松園、藥朵園、奉靈園等。

開封府人煙稠密，經濟繁榮，商業很發達。據文獻記載，僅在政府登記的商販就有六千四百戶，此外還有許多走街串巷的零銷商人。繁華的商業區分布在城東南和南部。最繁榮的商業街為宮城南部宣德門東的潘樓街、土市子、州橋東南角門，以及揚州門一帶。潘樓街一帶為金融中心，專營金銀、彩帛的商店，門面寬廣，其交易額是很驚人的。

城內還有定期集中的交易市場，相國寺是其中最大的交易市場之一。據記載，相國寺每月開放五次，每次參與交易的商人可以達到萬人以上，這裡主要出售與生活有關的商品，如雜物、書籍、筆墨、字畫、碑帖、藥品、土產等。

城內還有一些通宵營業的地方，或為夜市，或為曉市。如州橋有夜市，深夜還不打烊收攤；朱雀門一帶有曉市，他們天不亮就開張營業，人稱「鬼市子」。許多飲食店、酒店等多是通宵營業。

開封的手工業很發達，主要有官營和私營兩種。官辦手工業有衣服、綾錦、瓷器、印刷、釀酒等行業，私人手工業有金銀鋪、藥鋪等。在狹窄的街道兩旁，店鋪密布，商號毗鄰，有的張燈結彩，有的紮建彩樓。所有這些，在名畫《清明上河圖》上有細膩生動的描繪。

開封城不僅是全國政治經濟的中心，也是文化中心。太學是全國最高的學府，崇寧年間最盛時學生達到了三千八百人。太學之外還有國子監、四門學、武學、律學、算學、畫學、醫學等專科學校。

北宋的大型書籍編纂也很有成就。這個時期，北宋王朝利用國家藏書，組織編寫了《太平御覽》、《太平廣記》、《文苑英華》、《冊府元龜》等大型圖書，質量都是很高的。北宋有全國最大的圖書館——崇文院，它沿用了五代的昭文館、集賢館、史館，又創秘閣，形成了四館。四館的形成為北宋的學術發展提供了便利的條件。

除了國家重視編纂和收藏圖書外，私人藏書也蔚為風氣。比如北宋的著名學者宋敏求，住在春明坊，他家藏書三萬卷，當時很多人為了便於到他家去借讀，紛紛搬到他家附近去居住，使那裡的房租竟然比別處高出一倍。

隨著北宋重視文化、重視培養士人的文化素質，出現了一系列對中國文化事業有貢獻的作家、詩人和文學家。如著名的文學家歐陽修、蘇軾等就是在這種氛圍中成長起來的。北宋時期的詞、詩歌和散文在中國文學史上享有較高的地位。

北宋的繪畫藝術也達到了較高的階段。許多畫家在東京的佛寺、道觀創作了大量的彩色壁畫。商店和酒肆，為了招徠客人，也懸掛名人字畫，供人欣賞。在北宋的繪畫藝術中，最值得稱道的是張擇端的巨作《清明上河圖》。《清明上河圖》是一幅絹畫，寬二十四．八釐米，長五百二十八．七釐米。雖然由於年代久遠，畫絹變舊，畫面上的色彩也有些黯淡，但至今仍然可以看出畫家在運用筆墨方面的驚人技巧和獨特風格。在《清明上河圖》中，比較真實地再現了北宋時期首都開封的城市風貌：道路筆直，縱橫交錯，十字路口較多，河流穿城而過，到處擺攤設點，街道上行人稠密，車馬往來，熙熙攘攘。

東京開封的科學技術也達到了相當高的水平。蘇頌等人創作的水運儀象台，是一台用水作動力的精密儀器，其高約十二米，可以按時、刻、辰、更等時間打鼓、搖鈴、擊鐘、擊鑼和舉木牌報時。這是我國十一世紀最傑出的天文儀器，體現了機械工程技術水平的卓越成就。北宋初年，馮繼升在開封發明了火藥箭；真宗咸平年間，唐富製成了火球和火蒺藜。北宋開始將火藥運用到軍事上，這是武器史上的一個重大變革。北宋的醫官王惟，在仁宗天聖五年（西元一〇二七年）鑄造了兩具供針灸用的「宋天聖針灸銅人」，一具在翰林醫官院，一具在相國寺內仁濟殿。人體五臟俱全。每個穴孔旁邊用金字書寫穴名。用蠟封穴後灌水，穿上衣服。如下針準確，針入則水出。這對促進醫學發展，起了很大的作用。

3. 吳越建都前後的杭州城

五代十國時期，江南一帶的割據小國吳越國在杭州建立了一個都城，這是杭州建都的開始。那麼，吳越建都前後的杭州是個什麼樣子呢？現在先談談這方面的情況。

根據現有的資料，杭州一帶的原始居民的生活，首先要從良渚文化談起。良渚是杭州西北郊的一個市鎮。西元一九三六年，一支由考古學家組成的工作隊開進了這裡，他們發現了許多新石器時代的遺物，接著，發現了大面積的遺址。於是，良渚文化的面貌開始被人們所了解。良渚文化的居民還生活在原始社會的發展階段上，他們的經濟以原始農業為主，兼營採集和漁獵。良渚文化的時代大約距今五千年。

通過考古和地質工作，目前大致可以知道：約距今五千年以前，良渚人已經生活在杭州一帶了；良渚人以採集、種植水稻為主；西湖已經形成，西湖周圍以沼澤、鹽灘居多，西湖周圍的群山上到處都是原始森林。

杭州境內的居民，何時擺脫了原始社會，目前我們還不清楚。據文獻記載，就在春秋戰國時期，杭州已經納入中華民族的生活行列了。最先統治杭州的大概是春秋末年的吳國，為了向西防禦楚國，向南防禦越國，吳國控制了杭州地區。

杭州置縣，納入中央王朝的正式版圖，是在秦王朝時期。秦始皇統一中國，建立了郡縣制，在今江南一帶設會稽郡。杭州以錢唐縣名，正式隸屬於秦王朝的會稽郡。以後，西漢、東漢、東吳、東晉、南北朝都在這裡設縣。南北朝初期，有個名叫劉道真的人來到錢唐當縣令，閑暇無事，寫了一本《錢唐記》，記載了錢唐的早期歷史。這是中原人正式為杭州單獨立「傳」。

杭州從縣「升格」到郡，是一個很偶然的機會。南北朝時期，南朝的疆域較為狹窄，到了南朝最後一個王朝陳時，其版圖就小得更可憐了。陳朝的國勢很弱，疆域很小，但是可笑的是：國雖弱，疆土雖小，但是各官吏的「行政級別」卻是不能降低的，於是錢唐的轄區雖然小，陳朝仍在此地設郡，名錢唐郡。這是杭州由縣升格為郡的開始。

杭州由郡升格為州，則容易得多了。五八九年，隋朝的大軍分數路南下，攻滅了陳朝，隨後在其疆域之內重建行政建制，將錢唐郡升格為州，並稱杭州。這是杭州為州的開始。隋朝的杭州最初將州治定在餘杭縣，而後又定在柳浦（今江幹一帶）。接著，隋朝調用民力，大興土木，在柳浦一帶修築杭州城。文獻載，隋朝的杭州城周長三十六里。

隋煬帝即位後，繼續經營杭州城。為了能將杭州一帶的糧食運往新建的都城洛陽，隋煬帝開鑿了以洛陽為中心的運河網，將黃河、通濟渠、淮河、邗溝、長江連接起來，洛陽從此可以與杭州直接通航。當時，從鎮江經過蘇州、嘉興到杭州八百餘里，河道寬十餘丈，夾岸遍栽柳樹，河中檣櫓相接、舟行如梭，可以通行大型的龍舟。杭州由此一躍成為南方非常重要的商業城市。《隋書．地理志》記載當時杭州的情況時說：這裡的河流很多，水源充沛，土地很肥沃，因而盛產海陸產品、珍奇異寶。為了能夠獲得這些東西，商人們經常到這裡來。

唐代仍在這裡設州，州治設在現今杭州市境內。唐朝對杭州的經營，最主要的成就是在杭州境內修建「六井」。據文獻記載，這個工程修築於唐大曆年間，是由當時很有名望的大臣李泌（時任杭州刺史）負責。

唐代的「六井」是相國井、西井、金牛井、方井、白龜井、小方井。據考證：相國井位於現今解放街井亭橋西，西井位於相國井之西，金牛井位於西井西北，方井位於金牛井西北，白龜井位於今龍翔橋西，小方井位於今小車橋附近。所謂的六井，都是用瓦管或竹筒連接成流水槽，利用地勢之差，將西湖水引向陸地。修築六井是為了解決當時杭州城以及附近居民飲水和農業灌溉的問題。

除了李泌之外，在唐朝歷史上，還有一位很有名的人擔任過杭州刺史，這就是白居易。白居易擔任杭州刺史的時間是長慶二年（西元八二二年）。他在這裡也有德政，主要功績就是治理西湖，以提高西湖的蓄水能力。

經過兩位很有名的大臣治理西湖以及杭州，杭州的水利和經濟狀況都有很大的改觀。隨著經濟的發展，杭州的商業更加發達了。唐代有位名叫李華的人，曾作〈杭州刺史廳壁記〉。文中提到：他寫文章的時候，杭州一帶的河流上，停泊等候裝貨的船隻首尾相接，竟然有二十里長；杭州城內，開張買賣的商號竟然達到了三萬家。這時，杭州已是一派大都市的氣象了。

唐朝末年，全國動亂，各地紛紛割據獨立。一時間，中原地區出現了五個大政權相繼而立的局面，而在一些偏遠地區，也相繼出現十個小的割據政權。這就是所謂的五代十國時期。這十個小政權中，有一個叫吳越的國家，以杭州為都。這是杭州為都的開始。

吳越國的創始人名叫錢鏐（音ㄌㄡˊ）。最初，他作為唐朝的鎮海節度使，為唐廷鎮守杭州，看守海疆。後來，看到其他刺史都有獨立之心，便於八九三年擁兵自重，開始鬧割據。西元九〇七年，朱溫為了得到邊關一帶手握重兵人的支持，利用職權，封他為吳越王，於是他就正式稱王，在杭州為自己建都城了。吳越國一共經歷了五代七十年，都城一直設在杭州。

吳越國的首都平面布局是個什麼樣子，文獻講得不清楚，目前考證、勘探工作做得也不多。大體知道：吳越首都的外圍有個外廓城，稱羅城，周長約七十里；在羅城之內，鳳凰山下，又築一個子城，這就是王宮所在；子城內建宮殿，子城外有道路、街道、河渠、房舍等。

錢鏐為王時，對於杭州的建設，還是比較有貢獻的。他登基後的第一件事，便是修築沿江沿海的堤塘，當時稱作捍海塘。那時，杭州的水位不穩定，但逢雨季和颱風時，沿江沿海，鹹潮由東向西，經常形成倒灌，嚴重影響居民的正常生活和生產。為了保障杭州城的安全，錢鏐徵調大量民工，沿江沿海修築堤塘。沿江一百多里，杭州人採用夾板築塘的方法，有效地築起了捍海塘。這就保護了杭州的近郊和城邑，為杭州的擴展創造了有利條件。與此同時，錢鏐又在錢塘江沿岸修建龍山、浙江二閘，以遏制鹹潮倒灌。

文獻較多地記載了吳越國對西湖風景區治理的業績。五代十國時期，中國流行佛教，吳越國也不例外。在此時期，吳越國在西湖風景區內留下了大量佛教的遺跡。東晉時，西湖建有靈隱寺，吳越國將它擴建，使它成為一個規模更大的佛教寺院。吳越國還在西湖境內，新建了較大的昭慶寺和淨慈寺，以及較小規模的理安寺、靈峰寺、雲棲寺、六通寺、法喜寺、開化寺等。西湖的一些塔，也是這時修建的，如西關外的雷峰塔，月輪山的六和塔，閘口的白塔，和寶石山的保俶（音ㄔㄨˋ）塔等，都是這時建造的。在這四座塔中，除了雷峰塔早已坍塌之外，其他三座古塔都還屹立在西湖岸邊，為湖山增添了無限的風光。

吳越國對錢塘江的治理也值得稱道。當時，錢塘江是吳越國與外地交往的水路要道。為了減輕江中險灘對各類船隻的威脅，吳越國對錢塘江裡的礁石、淺灘進行了綜合治理。由此，吳越國與沿海各地來往，甚至與日本、朝鮮的交往，都通過這條河道進行。

吳越國是偏安一隅的小國，僅僅由於國家分裂，它才能「獨立」於中原國家之外，國家一旦統一，這個獨立的國家立刻就瓦解了。西元九六〇年，趙匡胤發動陳橋驛兵變，奪取後周皇位，建立北宋，結束了五代十國的分裂和割據局面。不久，錢塘江畔的這個封建小國，也就瓦解了。錢氏家族向北宋投降，吳越國滅亡。

北宋王朝收得杭州後，繼續在這裡設置杭州，以管理東南沿海。北宋對杭州的經營，主要在於治理西湖和六井，因為當時杭州主要依靠西湖和六井的淡水來供應居民正常的生活和生產用水。在治理西湖方面，景德年間的杭州知州王濟、仁宗朝的知州鄭戩和沈遘、神宗朝的知州陳襄和通判蘇軾都做過較多的工作。尤其是蘇軾，他在神宗朝時任杭州通判，又於哲宗朝任知州，兩度任職杭州，對杭州水利工程建設做了很多工作。經過歷朝歷代的建設，至北宋時，杭州的經濟發展很快。歐陽修在一篇題名為〈有美堂記〉的文章中稱：杭州的屋宇建築是極為華麗的，那裡的居民已經達到了十萬戶。

吳越和北宋的經營，使得杭州的經濟文化有了很大的發展，這為南宋以此為都，提供了良好的條件。

4. 南宋都城——臨安城

北宋末年，金人大舉南侵，西元一一二六年攻下了開封，北宋王朝滅亡。西元一一二七年，宋高宗趙構在南京（今河南商丘）即帝位，接著建都臨安（杭州），史稱南宋。從此，杭州成為全國的政治、經濟、文化的中心。

南宋治都杭州期間，為何杭州能驟然成為全國政治、經濟、文化的中心呢？究其原因，不外四點：其一，自五代吳越國以來，杭州經濟文化比較發達；其二，大量北方居民南下，大大充實了杭州地區的居民人數，從北宋初年的十萬戶、五十萬人，驟然增加到二十六萬餘戶、五十五萬餘人，至南宋末年，全城人口超過一百萬，那個時期，經濟發展與人口多寡是成正比的；其三，北人南下，帶來了大量的先進技術和文化；其四，大量北人南下，特別是官吏和富戶的南下，攜帶來了大量資金，使得杭州突然之間擁有了大量啟動資金，杭州經濟發展因此有了動力。從人口結構、經濟結構、文化結構等幾個方面考察，杭州不但是當時全國的第一大都市，而且還是當時世界上最繁華的大都市之一。南宋在此為都一百五十餘年。

南宋朝廷在臨安站住腳之後，立即按照都城的規格來修築杭州城。南宋的都城臨安城是在吳越的都城基礎上修築的，分為宮城和外城兩部分（見圖15）。

宮城　又稱大內，是以吳越的舊治子城為基礎增築的。目前已經發現了北城垣和東城垣。北城垣夯築，長兩百米，寬十一米；東城垣長三百九十米，寬十～十一米。北城垣內曾經發現包牆磚。由此推測，宮城的位置在城南鳳凰山東，範圍為：東起鳳山門，西至萬松嶺，東至候潮湖，北至江幹。

宮城共有四個城門：南門名麗正門，北門名和寧門，東門名東華門，西門名西華門。麗正門是宮城的正門，巍峨壯觀、宏偉壯麗。

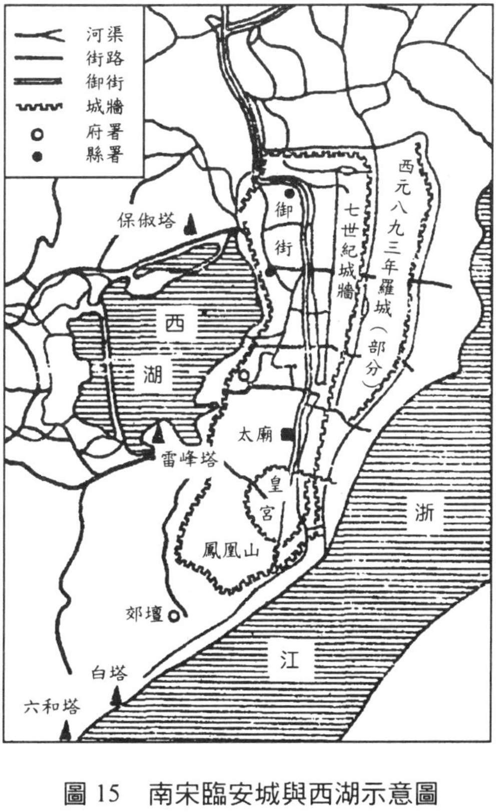

圖 15　南宋臨安城與西湖示意圖

宮城內曾經發現兩個大型的夯土台基，推測南宋時的宮殿也還是築建在大型夯土台基之上的。文獻記載，宮城內有三十座宮殿。另外，宮城內還有堂、樓、齋、台、閣、觀、亭、軒等建築，雕梁畫棟，非常華麗。

進入皇宮，就是皇宮中最大的宮殿大慶殿，這是國家舉行大典的地方。大慶殿後面是垂拱殿，它是皇帝辦公及召見文武大臣議事的地方。垂拱殿後面就是后妃、太子居住的內廷。內廷之後就是供皇帝及大臣遊覽的「後苑」。後苑內有松柏、假山、小西湖，還有許多亭台樓閣。

外城　形狀像是腰鼓形，故有人稱其為「腰鼓城」。外城是在吳越城的基礎上建築起來的，並有所擴大。據記載，外城共有十三座城門。東面有七座城門，它們由南而北為便門、候湖門、保安門、新開門、崇新門、東青門、艮山門；西面有四門，由南向北為錢湖門、清波門、豐豫門、錢塘門。南面有嘉會門，北面有餘杭門。南面嘉會門是外城的正門，最為雄偉壯觀，為外城各門之冠。當時，南宋皇帝每逢南郊祭禮必由此門出入。北門餘杭門，和浙西、蘇、湖、常、秀以及江淮諸道水陸相通，是貨物集散之地，商賈往來頻繁，為北面交通要道。西面的豐豫門最靠近西湖，凡城內遊西湖者，必定經此門而出。在便門、東青門、艮山門的外邊又有瓮城。此外，杭州城在南宋時期還有五座水門，它們是南水門、北水門、保安水門、天宗水門和餘杭水門。外廓城外有護城河。

外城居中位置有一條貫通南北的御道，又稱天街，南起宮城北門和寧門，北至餘杭門（今中山路）附近。御道全部用石板鋪砌，平坦廣闊。兩旁有御溝，御溝內種植荷花，岸邊栽種桃李，每當春夏之交，這裡美如錦繡。

緊靠皇宮的是中央官署，當時最高的權力機關三省六部大都集中在這裡。當然，也有一些行政部門，如太常寺、秘書省、武學、太學、國子監等，沒有設在這裡。另外，與早期的布局不一樣，官營的手工業作坊分散在城內各處。將作監的軍器監在保民坊內，太廟位於紫陽山之左，社稷壇在觀橋東北，九宮壇在東青門外。

全城分為八個廂（城外尚有二廂），共有六十八個坊。這時的坊已經和前代大不相同了，完全臨街，沒有坊牆。坊只是一個地段的名稱，與今日的巷大抵相同。

南宋杭州不僅是當時全國政治中心，也是經濟中心，是全國最大的商業城市。杭州主要從蘇、湖（今吳興）、常、秀（今嘉興）和江西、湖南、兩廣等地運入糧食，而以湖州運入量最多。湖州運入的大米，大都通過漕運運抵杭州的北門外。南宋的杭州城內，通常也是不能自理蔬菜的，要從近郊運入蔬菜，而主要是從東門外運入。南宋時，人們已經不再燒草做飯了，而開始用煤炭和柴。柴炭主要來自嚴州（今建德）、富陽等地，都集中到南門一帶。當時流行這麼一句諺語，「東門菜，西門水，南門柴，北門米」。

杭州從外地運入農副產品，同時向城外輸出產品。杭州向外地輸出的產品主要是手工業產品。南宋的造船業很發達，可以建造上百噸的海船，同時也能生產數十噸重的內河船。文獻經常提及，南宋的船舶駛向東南亞地區。南宋杭州一帶的絲織業是很有名的，僅絲綢上的彩色圖案就有好幾十種，如有柿蒂花、羅素花、結羅、熟羅等。杭州的印刷業已經達到相當高的水平，主要是活字印刷。杭州出土了許多官窯的瓷器，釉色瑩徹，是當時的珍品。

由於不再修建有坊牆的里坊，街道都是衝向大街，故而杭州城內的貿易並不一定在官方規定的「市」裡進行，無論大街小巷，店鋪林立，購銷兩旺。當時，最繁榮的商業區集中在御街、荐橋街、後市街一帶。在杭州，還有一些定期的、專業性很強的集市，如藥市、珍珠市、絲綿市、花市、成衣市、肉市、米市、鹽市等。專業性很強的行業也應運而生，如文獻經常提及的麻布行、青果行、蟹行、魚行、海鮮行、青器行、紙扇行、木行、竹行等。

南宋時期的海外貿易相當發達。距杭州城東二十五里有個澉浦鎮，是南宋杭州對外貿易的較大商港。那裡船舶雲集，既有各種番貢南貨，也有許多珍異飾物和珍禽異卉。

杭州城內的文化設施很值得注意。太學還是全國最高的學府，規模宏大，生員最多時達到兩千～三千人。南宋都城杭州的專科學校也很多，以醫學、武學為主。在此時期，民間藝術是重要的發展階段。杭州城裡已經有了專門從事娛樂活動的場所，名叫「瓦子」

（或稱瓦肆、瓦舍）。在瓦子之內，通常要設好幾個「勾欄」（與現今的場地相似），人們使用好幾種不同的方式來表演，如說書、戲劇、相撲、說唱、影戲等。

杭州最大的遊覽勝地是西湖。西湖，最初是一個天然的蓄水庫，在吳越國時還是如此。以後，經過北宋的經營，這裡的旅遊資源得到了開發。南宋時，經過政府和民眾的努力，這裡不僅成為帝王將相和地主貴族的安樂窩，而且還成了本城居民和全國各地來首都的流動人口遊玩的大公園。

西湖的第一座建築，相傳建於東晉咸和元年（西元三二六年），這就是靈隱寺。以後，歷代在此常有建築，於是出現了近百座亭台樓閣。西湖的十大景觀，如平湖秋月、蘇堤春曉、斷橋殘雪、雷峰夕照、南屏晚鐘、曲院風荷、花港觀魚、柳浪聞鶯、三潭印月、雙峰插雲等，多數都是在南宋時期形成的。除了觀賞西湖附近群山的景觀之外，在西湖裡放舟，也是遊玩西湖的重要內容。南宋時，西湖裡的遊船比較多，既有皇家的御舟、龍舟、小腳船、彩蓮船，也有官方監造的數十丈長的大船，還有尋常百姓家的扁舟。

五、江南第一大都南京

1. 南京的地理與早期歷史

南京位於江蘇省長江下游的南岸。它的北面和西面瀕臨長江，北面隔河為廣闊的江淮平原，東邊連接著美麗富饒的江南魚米之鄉，西南與浙江、安徽境內的諸山相鄰。四周群山環抱，秦淮河流經市內。在市內，山地、丘陵、平原、江河、湖泊縱橫交錯其間。山川雄偉，景色優美，有「龍盤虎踞」之譽。

南京三面環山，北沿長江一帶有龍潭山、棲霞山、幕府山，諸山崖懸壁峭，倚江而立，其中幕府山是都城外圍的天然屏障；中支有寶華山、龍王山、靈山、鍾山（又稱蔣山，今名紫金山）等，其中鍾山地勢險要，向有「龍蟠」之稱；南支有湯山、青龍山、黃龍山、大連山、方山、祖堂山、牛首山、鳳凰山等。唐代詩人李白來過南京，他遊覽了南京的山川河流之後，心情激動，筆走狂龍，題詩一首，以形容南京城的形勝地勢，充分表現出了南京地理的磅礴氣勢：「石頭巉（音ㄔㄢˊ）岩如虎踞，凌波欲過滄江去，鍾山龍蟠走勢來，秀氣橫兮歷陽樹」。

南京河流眾多，境內有長江、秦淮河、金川河等。長江是中國第一大河，由西而來，流經南京。長江南京段長六十公里，江面寬一千兩百～兩千兩百米，水深二十～三十米，是條感潮河。在沒有鋼鐵戰艦的古代，長江的確是南北交通的障礙，故古人說它是「天所以限南北」的天塹。秦淮河又稱淮水，全長一百一十公里，是南京城內的一條重要河流，它由方山而下，北流至南京城下，後或穿或繞，過南京，注入長江。金川河是南京城北的一條小河，上源在鼓樓崗附近，下游在寶塔橋附近注入長江。今天它是玄武湖的一條洩水河。南京北面是廣闊的江淮平原，可以作為南來的緩衝地帶；東南的長江三角洲，是富饒的魚米之鄉；浩淼壯闊的長江，溝通了吳、楚、巴、蜀諸地，為南京帶來了交通便利，同時也是防禦北方南下的天然屏障。

總之，南京位於三面環山、一面臨江的河谷盆地之中，是南北分裂時期割據政權最好的建都場所，故古人有「江南佳麗地，金陵帝王州」的說法。我們的祖先就在這個盆地之中，利用周圍的山川河流地勢，經營締造，建成了一座物產豐富、景市繁榮、宮殿巍峨、城垣雄偉的，有高度文化的歷史名城。

南京的早期歷史，大概可以追溯到西元前三千年以前，考古工作者在這裡發現了很多新石器時代的遺址，就是很好的說明。此後南京的歷史面貌不詳，大體知道：南京進入階級社會，以及在中國的文獻中頻繁出現，則是在春秋戰國時期。

春秋戰國時期，中原割據，江南也跟著形成割據局面。當時，江南地區，或說以南京為界，有三個諸侯國家。南京東面太湖流域有個吳國，它的都城在姑蘇（今江蘇蘇州）；西邊長江流域有個楚國，它的都城在郢（今湖北江陵北）；在吳國的東南地區還有一個越國，越國將都城建在會稽（今浙江紹興）。三個國家大體上是以南京為邊境的，故歷史上講南京時有「吳頭楚尾」之說。南京最早的一座城池，據說是由吳國國君夫差所建，是一座以冶鑄為主的城池。南京附近多銅鐵礦藏，所以吳國在此築城。據說，這座城址在現今南京市西水門內朝天宮一帶。然而這是傳說，不足為信。

南京第二座城池據說是由越國的大臣范蠡所建。據說，春秋末期，越滅吳，越國開始與楚國接壤。為防止楚國南下或東進，越國國君勾踐聽從了大將范蠡的建議，在與楚國接壤處，建立起一座軍事要塞，並命名為越城。又因這座古城是由越國大將范蠡監造的，所以當時也有人稱其為「范蠡城」。據調查，越城位於今南京城南長干橋與雨花台之間的長干里，城周兩里有餘。

第三座城池是楚國建立的。西元前三三三年，楚滅越，盡有吳越之地，楚威王在石頭山上築起了一座城，名金陵邑。當時，長江在石頭山的西麓下流過，秦淮河在山的南側入長江，金陵邑臨江控河，具有明顯的軍事性質。南京古名金陵，即起源於此。

南京歷史上的第四座古城是秦王朝建立的，漢朝沿用。戰國末年，秦滅楚，遂有南京之地。為了管理南京及其周沿地區，

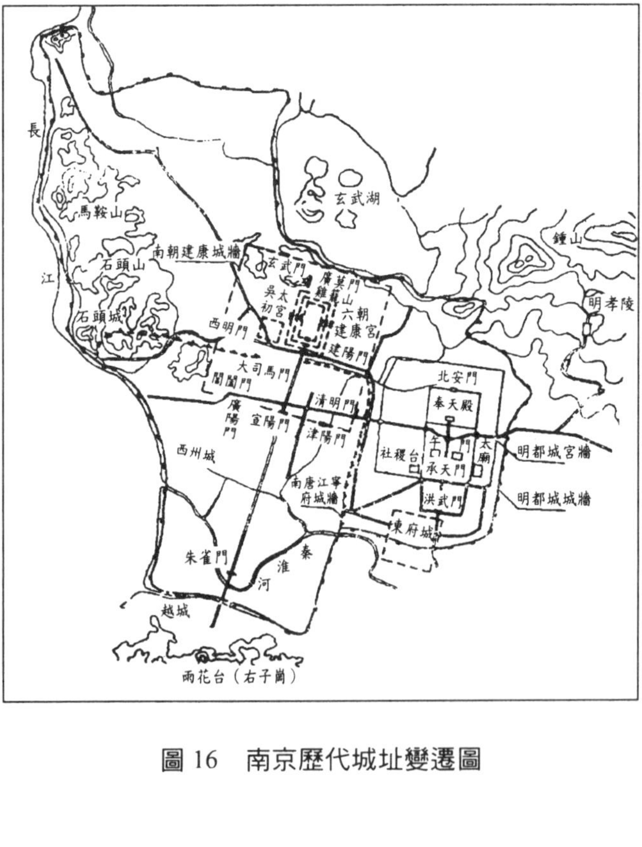

圖 16　南京歷代城址變遷圖

秦漢中央王朝便在南京附近築城，而稱其為秣陵縣城，亦稱秣陵關。它在秦淮河中游地區。越城、金陵邑、秣陵等城池，從某種意義上說，都是沿著秦淮河河畔建立起來的，故而可以說，秦淮河在孕育這些古城方面，曾經起了很大的作用。它不僅為諸城的建立提供了水源，灌溉那裡的農田，而且是天然的交通線，將各地的農業物資往返運輸，給居民生產和生活帶來了極大的方便。

自東漢末年以後，南京的經濟文化有了長足的發展，便被歷史上的幾個王朝置為首都。以南京為國都的王朝有三國時期的東吳，東晉，南北朝時期的宋、齊、梁、陳，五代十國時期的南唐，明朝，太平天國等（見圖16）。六朝以此為都三百三十年；南唐三十八年；明朝五十三年；太平天國十二年。諸朝在此建都凡四百三十餘年。

2. 六朝的都城建業與建康

六朝是指三國時期的東吳、五胡十六國時期的東晉和南北朝的宋、齊、梁、陳。這六個王朝相繼出現，有兩個共同特點：一是它們都是在中國出現割據政權時才出現的；二是它們都是以現今的江南重地南京作為都城所在地（見圖17）。

首先建都南京的是東吳。東吳政權最初的政治中心在京口（今江蘇鎮江），後相繼遷往秣陵、公安、武昌（今鄂城），最後定都建業（西元二二九年），即今南京。

東吳的建業城，位於現今南京城區中部。它北倚雞籠山、覆舟山，東瀕青溪，西達五台山，後倚玄武湖。建業城周二十里。城垣夯築，城垣上共有九座城門：南面由東向西依次是津陽門、宣陽門、廣陽門；東面由南向北是清明門、建陽門；北面由東向西是廣莫門、玄武門；西面由南而北是閶闔門、西明門。南面正

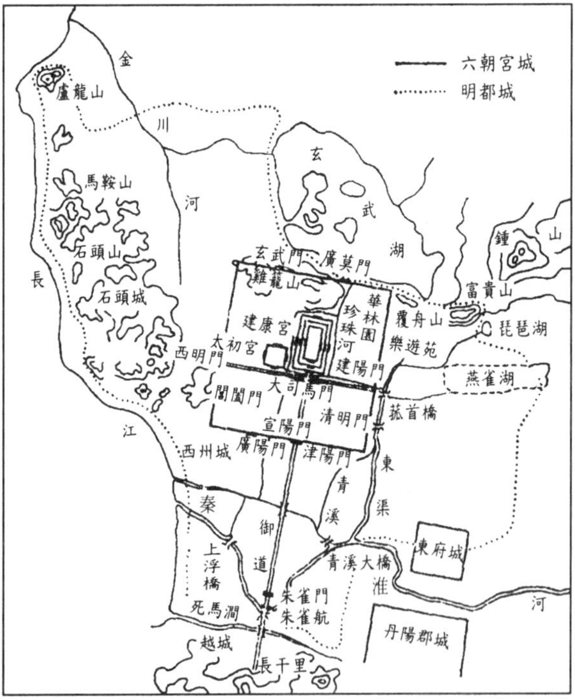

圖 17　六朝時代的建業和建康示意圖

中宣陽門為正門，約在今淮海路一帶。與中原都城不同，宣陽門的大門沒有門板，而是用竹籬編成的。

建業城裡，首先有太初宮，孫權所建，位於當時建業城的中部偏西（今珠江路西口一帶）。太初宮周長約三百丈，共有八門：南面五門，由東向西依次是新頁門、左掖門、公車門、明揚門、右掖門；其餘三個城垣各有一門，北門名玄武門，東面為蒼龍門，西面為白虎門。太初宮的正殿為神龍殿。

建業城中的第二個宮城為孫皓所建，位於太初宮東邊，名昭明宮。昭明宮的正殿為赤烏殿。赤烏殿有彎崎、臨硎等門。宮殿相當豪華，並開一條城北渠將玄武湖水引入宮內，使清流巡繞殿堂，晝夜不絕。

文獻記載，除太初宮和昭明宮外，建業城中還有南宮、西池、苑城、倉城。南宮是太子寢宮，西池是太子的御花園，苑城是皇家宮苑，倉城是皇家倉庫，內儲糧食及物資。諸宮城是建業城的主體部分，面積佔到整個城市的四分之一以上。從宮城南門宣陽門至秦淮河的朱雀門（今鎮淮橋偏東），全長七里，是一條御道。道路平直，路旁栽種青槐，綠蔭遮蓋。道路兩側有御溝，溝中清流淙淙。御道兩側分布官署和駐兵的營房，御道南端建有雙闕。

城內有三條水道，它們是運瀆、潮溝、東渠。運瀆是秦淮河的一段，先從秦淮河上分流，進入城內，而後又在出城處與秦淮河匯流。潮溝的源頭是後湖，由後湖而出，繞太初宮，然後匯入青溪。東渠又名青溪，原是一條天然的河道，孫權將其拓寬，上流來自鍾山，經前湖（燕雀湖）和琵琶湖，後匯入秦淮河。由於該渠位於全城的東部，故名東渠。三條水道組成了一個水上交通網，不僅解決了城內的供水，也為都城解決了糧道。

城內居民區主要分布在秦淮河南岸的橫壙到查浦一帶，其中以長干里最為著名，許多王公貴族都住在長干里。比如文學家陸機、陸雲兄弟就住在長干里。

建業成為東吳的首都之後，經濟有了較大的發展。建業的農業發展與屯田的關係很大。屯田成功，使得建業一帶的農業生產大大發展。東吳初年，全國各地都有戰爭，吃糧成為當時各個政權的首要大事。為了解決東吳的糧食問題，孫權仿照曹魏，在境內屯田，鼓勵農民開荒，興修水利，設置典農都尉，推廣先進的生產技術，使得建業地區成為農業很發達的地區。

建業的手工業發展迅速，陶瓷業的生產工藝很有名。四〇年代初期，在南京地區發掘了幾十座東吳時期的墓葬，出土了大量青瓷瓷器，其造型優美，瓷質燒結良好，叩之清脆有聲，具有很高的製作水平。紡織技術由蜀地傳來，不久即成為東吳手工業的強項之一。官方的手工業作坊中，文獻稱有成千上萬的女工。除了官營手工業作坊之外，私人所辦的手工業紡織作坊也很多。值得一提的還有造船業。東吳靠近長江，需要大量內河船，而且由於有海外貿易，所以需要大量海船。東吳的船隻一般長二十多丈，上下五層，可以乘座五、六百人，載重達到千噸。

建業的文化事業逐漸地興盛起來。通過對外交流，佛教在東吳時期傳入江南。孫權曾在大市之後修建了江東第一座佛寺，名建初寺，以接待來自西域和印度的僧侶。最早來建業的高僧是康居國的高僧康僧會。與佛教傳入的同時，建業的佛教藝術也在這個時期開始流行。這個時期，東吳有很多畫家都是以畫佛畫而出名的。

東吳的商業經濟很活躍。城內共有兩個市：大市和東市。城外有好幾個集市，而以方山埭（壩）為最大。據左思〈吳都賦〉記載，市內店鋪林立，百貨齊全，不但有本地的產品，還集中了來自交、廣二州和南洋諸國的商品。為了便利商人來往，政府還在長江一些沙洲上修建客館，供來往的客商住宿。

由於有發達的造船業，東吳的遠洋船隊開始走向世界。據文獻記載，東吳的遠洋船隊，曾先後去過扶南（今柬埔寨）、林邑（今越南）和朝鮮半島等一百多個國家。中國歷史上第一個到台灣的船隊，人數達到萬餘，就是由東吳派出的。外國的船隊也來訪問建業。據文獻記載，建業的江岸附近，停泊著來自波斯、天竺和南洋國的船隻。

第二個在建業建都的是東晉。

東吳傳到孫皓手中，政治已非常腐敗。晉太康元年（西元二八〇年），西晉滅東吳。太康三年（西元二八二年）改建業為建鄴，後因建鄴中的「鄴」字，與西晉愍帝司馬鄴的鄴字衝突，就改建鄴為建康。西晉亡，司馬睿逃至建康，便將建康定為東晉首都。

東晉都建康時，基本上保持了東吳建鄴的舊貌，只在原有的基礎上改土牆為磚牆。東晉的外廓城共有六個門：南面由東向西是開陽門、宣陽門、陵陽門；東面為清明、建春二門；西面是西明門。

東晉時，除了原有的宮殿外，又修築了新宮建康宮。宮城的正門為大司馬門。從大司馬門到宣陽門兩里，出宣陽門到朱雀航五里，這條御道南北總長共七里，是貫穿全城的中軸線。從建春門到西明門，通過大司馬門門前，又修了一條東西向的橫街，橫街與御道構成「T」字型。

宮城為兩重，內城周五里，外城周八里。正南是端門和大司馬門，正中是建康宮。據文獻記載，建康宮不但富麗豪華，而且建築眾多，有大小宮殿三千五百多個。建康宮的正殿為太極殿，共十二間，兩側有東西二堂。太極殿以北，是皇后的寢殿，原稱昭陽殿，西晉時改名顯陽殿。顯陽殿東邊是含章殿，西邊是徽陽殿。

東晉時，為了拱衛建康城，曾在都城的東南修築了一座「東府城」，城周三里許，作為宰相辦公的地方。在都城西南修築了一座「西州城」，那是揚州刺史的治所。六朝時期，秦淮河的河口還在石頭山南，河面相當寬闊，所以秦淮河對於南京城來說，不失為一條天然的防線。那時，敵人入侵南京，通常是走兩條路：或從長江中上游東下，以水軍駛入秦淮河，攻佔石頭城；或從歷陽（今安徽和縣）方向在採石磯渡江，陳兵於秦淮河。比如，東晉時發生的兩次叛亂：王敦進攻建康走的就是前一條水路，而蘇峻進攻南京就是走的後一條水路。因此，秦淮河的防守就成為南京城防守的重要內容。

繼東晉之後在南京建都的是南朝。宋永初元年（西元四二〇年），東晉的權臣劉裕發動政變，滅掉了東晉，建立了宋朝，由是開始了南朝的歷史。南朝共有四個王朝，它們依次是宋、齊、梁、陳。

南朝基本沿襲東晉的舊制，仍以建鄴作為都城。劉宋時，在宮城內增築了玉燭殿和紫極殿；南齊時，在宮城裡增築了仙華、神仙、玉壽諸殿。據說，諸殿相當豪華，刻花雕彩，麝香塗抹四壁，梁棟裝飾黃金。梁時沒有在宮城裡增築宮殿，但是擴建了太極殿。

南朝對南京最大的貢獻是在建康城裡修築皇家苑林。東晉武帝時，以雞籠山為主，修築了華林園。劉宋時，在玄武湖的南面擴建華林園、樂遊園，又在玄武湖北營建上林苑。

在東晉、南朝時期，建康不但是東晉、南朝的政治文化中心，而且還是南方最大的商埠。據記載，這時的建康有大市百餘處、小市十餘處。這些市大部分都集中在秦淮河北岸。值得注意的是，這個時期，相當一部分市都集中在寺院附近，如建初寺前有大市，歸善寺前有北市，棲霞寺前有斗場市等。東晉時期，一方面，大眾好佛，經常集中到佛寺來，這裡成為人煙比較多的地方；另一方面，也不能否認，大多數外來的僧團或商團，都依寺院落腳，寺院附近經常有外來的「舶來品」。東吳時，市場還沒有分專業或行業，到了東晉和南朝時期，已經出現了一些專業的市場，如牛馬市、紗市、蜆市（鮮活市場）等。市內，貿易額很大。政府設官吏管理，處理商業糾紛。

東晉、南朝時的手工業很發達，有冶鑄、紡織、瓷器、造船等。此外，還有新興的金銀鈿工。東晉、南朝的冶鑄業仍以官營為主，建康是冶金業的冶煉中心。據文獻記載，這裡有冶鑄作坊十處，除製作銅器和錢幣外，還有煉製優質的鋼，名叫「百煉鋼」。同時，這裡又發明了一種用生鐵和熟鐵混合煉成的鋼鐵。用這種鋼鐵製成的刀、鐮，大大提高了農作物收割的效率。建康的紡織仍然保持較快的發展勢頭。自從劉裕滅後秦，從長安遷來「百工」後，劉宋就在建康城裡建立了斗場錦署。這個署是專門管理織造絲綢的。它的建立，對於發展南朝的絲織業有很重要的意義。金銀鈿工是南朝時期新興的一個工藝。這種工藝的出現與南朝統治階級更多地追求金銀器和金銀飾品有關。文獻記載，梁武帝造阿育王寺，設置金銀供具，王侯、妃主、百姓、富室為它施捨的金銀鐲釧等珍寶不計其數。最近幾年，在南京地區東晉墓葬中，出土了大量金銀器，以及粟紋飾扣和桃形金片飾品。青瓷器是六朝時期的重要手工業之一，從已經發現的窯址、窯具和生產成品來看，青瓷燒造已經成為一種專業。目前考古發現的大量青瓷，主要器具有盆、洗、罐、盤口壺、雙繫罐、畫鉢等，都是生活器具，說明青瓷已經社會化。南朝所出的青瓷，造型優美，質地優良，是青瓷中的精品。

東晉時期的海上運輸與交通，較之東吳時更加發達。文獻記載，建康的碼頭上經常停泊著數以萬計的商船。當時與南朝通商的地區，除了北方沿海諸省之外，還有海外各國，如東埔寨、越南、印度尼西亞、錫蘭、馬來西亞、印度、波斯、東羅馬、日本、高句麗、百濟等。與外國的貿易，主要進口珍玩，如象牙、犀牛角、珠瑁、琉璃器、香料、珊瑚、藥材、玉佛像等。向外出口的貨物，主要是絲綢、帛、絹、綿、緞等。據文獻記載，在南北朝時期，南朝還與印度等國有固定的通信業務往來，以及航班業務往來，凡去南洋經商探親者，或可搭載航班，以方便往返。

東晉、南朝時的建康是當時全國的學術重點地區之一，在長達三百多年間，在南朝境內，相繼出現了許多思想家、文學家、科學家、藝術家。卓越的唯物論者范縝的名著《神滅論》，就是在建康寫作的。這部作品衝擊了當時盛行的宗教迷信。傑出的大科學家祖沖之計算的圓周率已經精確到小數點後第七位，這在當時世界範圍內處於領先地位。化學家陶弘景、醫學家葛洪在化學和醫學上做出了一定的貢獻。文學家和藝術家也是人才輩出，如謝靈運的山水詩、顏延之的對偶詩、沈約的聲韻學、劉勰（音ㄒㄧㄝˊ）的《文心雕龍》、鐘嶸的《詩品》、蕭統的《文選》等，都是這個時期文學上的代表作。大書法家王羲之、大畫家顧愷之，以及大雕塑家戴逵也都在建康留下了許多傑出的作品，在我國古代文化史上佔有相當重要的歷史地位。

東晉、南朝統治者大肆提倡佛教，建康成為南方的佛教中心，他們在江南各地大建佛寺。晚唐詩人杜牧在〈江南春〉絕句中寫道：「千里鶯啼綠映紅，水村山郭酒旗風；南朝四百八十寺，多少樓台煙雨中」，它間接記述了南朝的佛寺建築情況。

由於南朝佛教興盛，因而就有了兩個譯經中心。一個在城南的道場寺，一個在城北的華林園，尤以道場寺的譯經最為重要。南北朝時期，有一個繼唐玄奘之後而西行的佛教僧侶，名叫法顯，他學成歸國，首先就是來到了建康的道場寺。天竺的高僧馱跋陀羅、精通梵文的寶雲等，也都在道場寺生活過。南京郊外的棲霞山，有一座千佛巖石窟，裡面有大小佛教造像四、五百尊，其中最大的高達四丈。這些造像中的相當大一部分，都是東晉、南北朝時期的作品，反映了當時佛教藝術和雕塑藝術已具有較高水平。

南朝的雕塑藝術已達到較高水平，這可從南京郊外南朝帝王陵墓外圍的雕塑得到有關的信息。這些陵墓前的雕塑有麒麟、天祿、闢邪等石獸，還有巨大而生動的石柱、石碑。這些石雕作品手法熟練、造像生動。

3. 南唐都城江寧府

五八九年，隋朝數十萬大軍集結長江沿岸，準備大舉進攻南朝。不數日，隋朝大軍渡過長江。南朝陳面對強敵，不戰而降，南朝亡，隋朝統一江南。滅陳後，隋文帝因建康遠在帝州之南數千里，控禦不易，於是下詔：將建康的都城、宮城、官署、軍營、丹陽郡城、東府城一併裁毀。盛極一時的建康城蕩然無存，只留下了秦淮河一帶的民居。

唐末，軍閥割據，全國四分五裂。接著，中國進入五代十國時期。這時，一個名叫徐溫的人，滅掉了原先割據揚州的楊行密，建立南唐，將國都移到南京，並改南京為江寧府。

南唐國都江寧府的位置，比六朝時期的建康城稍稍偏南，地勢偏低，基本上處於秦淮河低河漫灘上。它是以秦淮河為市區中心擴建而成的，故而在建城時，就將秦淮河兩岸六朝時已經繁榮起來的居民區和商業區統統包括在內。據初步勘察，它的範圍包括：北面自今竺橋、浮橋、北門橋（玄武橋）到石頭城一帶；東面從竺橋向南，經白下橋（今中大橋），過秦淮河到雙門橋附近；西面沿長江的江岸，城牆跨越秦淮河，把石頭城包括在城內；南面的城垣沿著死（落）馬澗修築，死馬澗原是一條入江的小河，此時將其拓寬，使其與東城壕相通，北接秦淮河。據文獻記載，該城周長二十五里多，城高三丈，外有城壕四千七百五十六丈（見圖18）。

南唐江寧府的城門分布情況，文獻稱有八座城門（沒有經過發掘），大體是這樣的：北門對著玄武橋，外邊留有壕溝的遺跡；南門對著長干橋，外邊就是以死馬澗為壕；西面有兩座城門，文獻稱為西門和龍光門，其西瀕臨長江；東面兩座城門，文獻稱為東門和雙橋門（示意圖未標出），城門外側也開挖壕溝。除了陸路的諸門外，南唐的都城還有兩座水門，東邊水門稱上水門，西邊水門稱下水門。

南唐宮城即唐金陵府治，在今洪武路一帶。宮城周四里多，開闢東、南、西三門。宮城四周有護龍河，東割青溪，西取運瀆之水而成。宮城內，文獻稱有崇德殿、德昌殿、延吳殿、昇元殿、明德殿、穆清殿和光政殿等。出宮城，過虹橋為御街，南至長干橋一帶為全城的中軸線。這是六朝之舊制。諸司衙門分列兩邊，宮門前有橫街，自東城門至西城門橫貫全城，與御街成「T」字型，這也是六朝之舊制。近年來，在中華路地區發現當年御道的遺跡。

南唐雖然偏安一隅，但是還能注重經濟發展，故而在五代十國紛爭的歲月裡，南唐地區社會秩序穩定，居

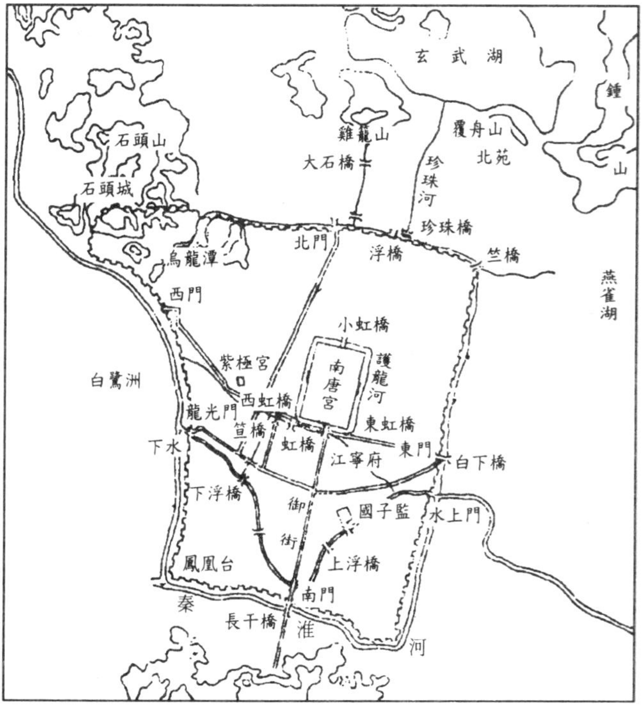

圖 18　南唐江寧府示意圖

民生活比較安定，經濟還有一定程度的發展。

在南唐的各種文化設施中，最值得一提的是文學了。南唐的皇帝李璟和他的兒子李煜，都是很有名的文學家，特別擅長作詞，尤其是李煜的詞，藝術水準極高。李煜還通曉音樂，精於書畫，造詣頗深。在李煜的詞中，最為感人的是亡國詩，曰：「最是倉皇辭廟日，教坊猶奏別離歌，垂淚對宮娥。」他的情詞也很感人，名句有「問君能有幾多愁，恰似一江春水向東流」，真是千古絕唱。

金陵設有畫院，集中了一批優秀的畫家從事創作。當時的南唐書畫很有成就，如花鳥畫家徐熙，人物畫家顧閎中、王齊翰和周文矩，以及山水畫家董沅、書法家徐鉉和徐鍇兄弟等，都是畫苑中的名手。其中，顧閎中的《韓熙夜宴圖》，描繪了韓熙夜宴的盛況，十分動人逼真。

南唐統治者大力提倡佛教，後主李煜曾在境內大修佛寺，並在城南郊牛首山一帶建造了許多佛寺。在棲霞寺修築了舍利塔，共五層八面，每面都雕刻有精美的佛教故事畫，藝術價值很高。

四〇年代以來，在牛首山附近發掘了規模很大的南唐二陵，是開國君主皇帝李昪（音ㄅㄧㄢˋ）和他的兒子李璟的陵墓。墓室全長二十一米，分為前中後三個室，以及八間至十間側室，主室四壁磚砌，還有石刻的柱、枋和斗拱，這是幫助我們了解當時建築的重要資料。墓中還出土了大量精緻的壁畫、彩繪紋飾以及一些石雕作品，還有大量的珍貴文物，如陶俑、瓷器、金屬器皿、陶器、哀冊等，是我們了解當時南京地區建築、彩繪、雕塑藝術和陶瓷工藝的重要資料。

4.明初都城應天府

南唐政權僅存在了三十八年，滅亡於北宋。北宋時，在南京建江寧府，為東南的重地。北宋的重要政治家和大文學家王安石就曾經擔任過江寧府的地方官，而且死、葬皆在江寧。南宋時，金陵改稱建康府，它是當時抗拒金兵南下的前哨據點之一。西元一一三〇年春天，名將岳飛就是在建康城南的牛首山大敗金兵，並乘勝收復了建康府。元代，金陵先稱建康路，後改集慶路，仍是東南地區的政治、經濟、文化的中心。

元末，農民起義紛紛而起，朱元璋趁勢率起義軍攻佔了集慶路。此後，他就以集慶路為政治中心，向東、向北發展，相繼統一了中國，驅走了蒙古人和元朝貴族，建立了統一的明朝。西元一三六八年，朱元璋改元集慶路為應天府，以開封為北京，以應天府為南京。南京之稱由此而來。西元一三七八年，朱元璋又決定廢除開封的北京地位，決定定都南京。於是南京第一次作為全國統一王朝的國都。

明朝對南京的營建前後有兩次大規模施工。第一次修築宮城和皇城，第二次擴拓了外廓城。第一次始自西元一三六六年，到西元一三八六年才完工，前後共計二十一年。現在的南京城，基本上是明初應天府城的輪廓。明初的南京城是在南唐的金陵城、北宋的建康府城的基礎上擴建而成的。東面以紫金山西麓為鄰，把燕雀湖填平作為皇城；北面到玄武湖，把富貴山、覆舟山、雞籠山都包在城內；西北擴拓到了長江邊上的獅子山；西南面則是南唐和宋元以來的舊城址。這樣，明朝就將六朝時期的建康（業）城、石頭城和南唐時的金陵城統統包括在內，並向東向南擴拓，使得南京地區的山、水、城聯為一體，風貌獨特（見圖19）。

南京城的城垣全是磚砌的，全長約六十七里。這座磚城之長，不僅在中國歷史上屬於第一，而且也是世界之最（巴黎城垣長五十九里）。南京城的平面呈不規則長方形，南北長約二十里，東西寬約十一里，完全打破了中國歷代都城正方形或長方形的傳統。明南京城的平面布局如此，完全是從當時的地理條件，以及從防守方面考慮的。明南京城垣的高度一般為十四～二十一米，城垣基址寬十四米，頂寬四～九米。基座用花崗岩和石灰岩砌成，上面再砌大磚。明南京城所需城磚是從江西、湖南、湖北、安徽、江蘇五個省一百二十五個州縣燒製好後再調運來的。城磚上都打印著府縣名、監製人名和造磚人名。為了使得城垣堅固耐用，砌磚時，通常在磚與磚的來縫中灌以特殊的「夾漿」。這些「夾漿」是用糯米汁或高粱米汁與桐油、石灰混合而製成的。明代的城牆至今保存完好，與這種特殊的漿汁粘合比較牢固有

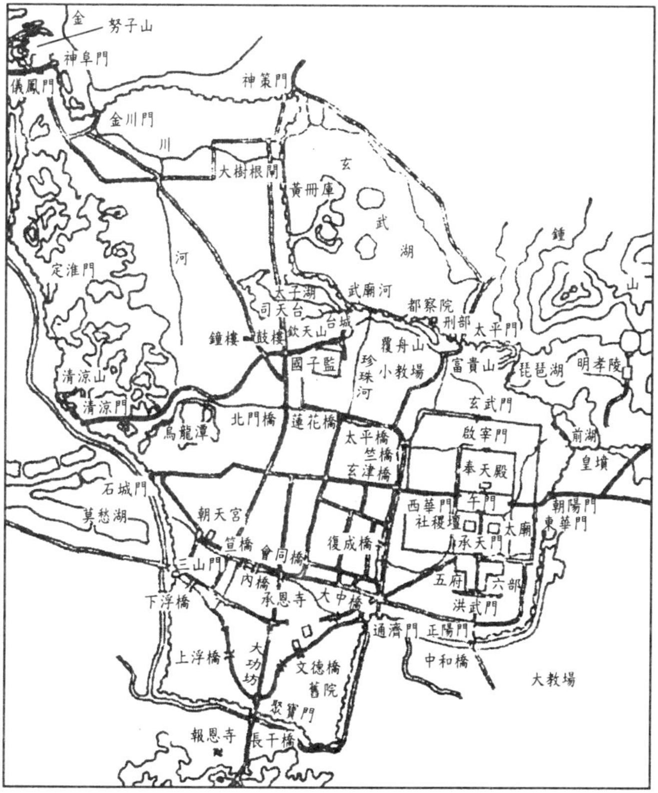

圖 19　明初應天府示意圖

關。城上鋪有磚路，並砌有垛口一萬餘個。

明初南京城共有十三座城門。它們是：正陽門（今光華門）、通濟門、聚寶門（今中華門）、三山門（今水西門）、石城門（今漢西門）、清涼門、定淮門、儀鳳門（今興中門）、鐘阜門、金川門、神策門（今和平門）、太平門和朝陽門（今中山門）。其中，通濟門、聚寶門、三山門、石城門係依南唐江寧府城的通濟門、南門、龍光門、西門的舊制並加以改造形成的。聚寶門最為宏偉，有門券四層，兩道門券之間為瓮城，城門上皆有「千斤閘」，城牆上還有藏兵洞二十三個，城頂建築高大豪麗的城樓。一座城門就可供三千人駐守。

皇城位於應天府城的東面偏南，將燕雀湖（即前湖）填平而成，所以南高北低。皇城平面呈方形，東西一千九百米，南北約一千八百米。皇城內有宮城和衙署區。皇城共有四門，它們分別是東面的東華門，西面的西華門，北面的正安門，南面的承天門。承天門前外突，築有洪武門。

宮城即紫金城，位於皇城之中。宮城平面呈方形。有四門：東為東安門，西為西安門，北為北安門，南面正中為午門。午門之北有五龍橋、奉天門、奉天殿、華蓋殿、謹身殿。這是前朝所在。由此向北，有乾清宮、省躬殿、坤寧宮。這是後寢所在。這些建築，都在南北一條直線上。沿此軸線為筆直的御道，直達位於其南的洪武門及正陽門。

宮城之南，在御道右側，布置文職各部，如宗人府、吏部、戶部、禮部、兵部、翰林院、太醫院等；在御道左側，主要布置武職各部，如前、中、左、右、前、後軍都督府等，還有太常寺、儀禮司、錦衣衛、通政司、欽天監等。這種布局對日後的北京城的平面布局產生了直接影響。

明南京的外廓城建於洪武二十三年（西元一三九〇年）。朱元璋建成南京城後，始終感到附近的一些山丘還在城外，對城防不利，因此又於內城之外，再築外廓城。外廓城周一百二十里，依山帶水，是以土壘成的，只在部分險要地段用磚砌出城牆和城門（見圖20）。城門共有十六座，其範圍東包鍾山（紫金山），北臨長江，西過秦淮河，南過聚寶山（今雨花台）。如今，所有的外廓城門都已經平毀。

明南京城的城內分為皇城、居民市肆及西北軍營三區。市肆區即南唐以來就已形成的商業區，這裡南向可直接通往航運的要道以及秦淮河。城西北地勢較高，專設兵營。在三區交界處的中央高地，建有鐘樓、鼓樓。

南京城的人口，據明洪武二十四年（西元一三九一年）統計，總人數為四十七萬多人，其中手工業者約二十萬人，富戶有六、七萬人，腳夫約十萬人，剩下的是官吏及其家眷。應天府外圍，還有三十六衛所，都是禁衛軍，主要駐紮在孝陵、皇城、城北城西屯田處，總兵力有一、二十萬人。這些部隊不能算作城市人口。

南京城是全國的經濟中心之一，商業與手工業都很興盛。

商業集中在秦淮河兩岸及其附近，即三山門、聚寶門、江東門內一帶。各種商號和手工業作坊，號稱有一百零三行。城內外有十幾個大集市，買賣各種生產和生活用品。著名的秦淮河上，畫舫如織，船中不時傳來婉轉的歌聲，動人心魄。這在一定的程度上反映了南京當時的繁榮景

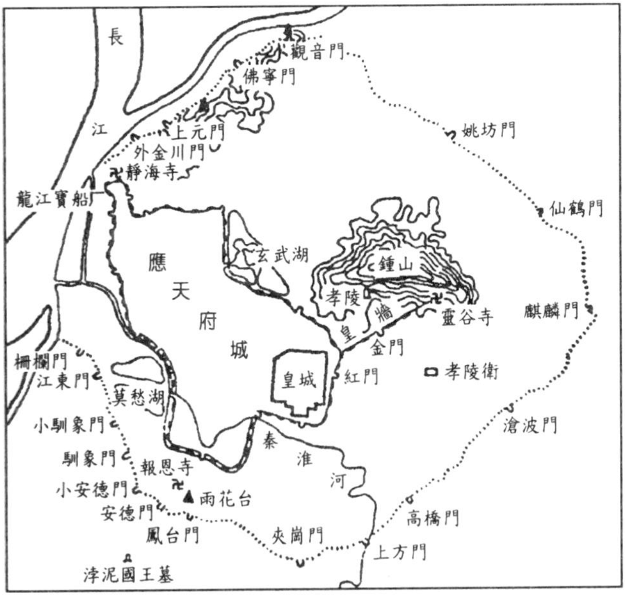

圖 20　明南京外郭示意圖

象。一五九五年意大利傳教士利瑪竇來到南京，瀏覽市容後說，南京是全世界最美麗、最偉大的城市，比所有的歐洲城市好。

明代南京手工業也很發達，有織造業、印刷業、造船業等。南京的錦緞在六朝時期已聞名於世。官方作坊能織出被稱作「納色石」的錦緞，民間還能生產緞子、青綾、縐紗、絹羅等絲綢品，而以元緞最負盛名。絲織業中，除了官營的織造局外，民間出現了擁有織機和資金的「機戶」和受僱傭的織工。當時，南京與杭、蘇、揚三個城市一起被稱為南方的四大絲織業中心。

明代手工業中，規模最為壯觀的要屬造船業了。明代有個探險家鄭和，七次下西洋，最多時帶了兩萬餘人，有船六十餘艘，是當時世界上最大的艦隊。在諸船當中，有一艘最大的船，長四十四丈，寬十八丈，有桅十二根，可乘千人，載重幾千噸。鄭和下西洋，出發地是南京；他所統領的這些船隻，其中相當大一部分是南京製造的。文獻稱，南京的造船主，先從江西、湖南選購木材，而後浮江而下，運至南京作進一步的加工，最後製成船體。除了木材使用外地產品外，造船所用的桐油、漆料、棕繩，都是本地生產的，如桐油由鍾山南麓的桐園供給。明代的造船作坊，主要是在秦淮河入江口的三漢河，名叫「龍江寶船廠」。船廠東西寬四百六十米，南北長一千一百八十米，分為七個作坊，至今在其遺址中還能發現當年大大小小的船塢。

明代的南京還燒製大量的玻璃，目前在雨花台發現了許多琉璃窯窯址。據研究，明故宮、明孝陵、報恩寺塔等大型建築上所使用的琉璃構件，如覆瓦、滴水、瓷磚等，都是在這裡燒製的。

南京的文化事業在明代也很發達。南京國子監是當時全國最高的學府，最盛時學生的人數達到了九千人。學生中，除了本國學生之外，還有日本、高麗（朝鮮）、琉球、暹羅（泰國）等國的學生。學習的科目除了四書五經之外，還有弓箭、馬術、擊劍等。明朝中葉將國都遷往北京後，這裡的國子監還繼續發揮著它的作用，當時人們稱其為「南監」，培養學生的數額最盛時也達到四、五千人。

南京國子監還是全國印刷業的中心之一。這裡集中了東南地區宋元以來的許多木刻書版，曾大量印刷出版各種書籍。明代最著名的藥物學著作《本草綱目》是在南京出版的；宋濂主修的《元史》是在南京編纂及刊印的。在學術著作中，人們習稱明南京出版的作品為「南監本」，以與其他的版本相區別。在南京的出版業中，最常出的印刷品是經文、時文、戲曲，以及蒙童讀物，另外還有小說。明代中葉後期，刻印木刻畫的彩色套印畫也很盛行。

明代居民日常生活需要大量筆墨；文人作畫為水彩畫，需裝裱；明代士人風情還熱衷於欣賞字畫。由此，明代南京的筆墨、裝裱、字畫等行業很興盛，至今升州路還遺留下來「裱畫廊」的地名。

明代最巨大的百科全書——《永樂大典》，是由眾多的學者嘔心瀝血、集體合作編成的。它在南京國子監最後完成編纂。這部書包括了兩萬兩千八百七十七卷，一萬一千零玖拾伍冊，涉及到各個學科，這是我國古代最大的一部百科全書。只是由於篇幅太大，所以沒有刊行，而只有數部手抄本。

在南京的雞籠山和聚寶山（今雨花台）兩個地方，明代政府設立了兩個觀象台，用來觀察天文和氣候。雞籠山觀象台由欽天監管理，內設有元代天文學家郭守敬製成的天文儀器。聚寶山觀象台則由「欽天回回監」管理，很可能啟用了一些信仰伊斯蘭教的人士，也可能是使用阿拉伯天文學體系。

南京是全國佛教的中心之一。明太祖朱元璋命朱宗泐主持天界寺，以掌管全國的佛教。到了十七世紀，南京還有靈谷、報恩、天界三大寺院，棲霞、雞鳴、靜海、弘覺、能仁五座大寺，善德、德高等三十二座中寺，華嚴等一百二十六處小寺，另有不具名的小寺一百多座。靈谷寺原在獨龍阜一帶，因修孝陵，便移往東郊。寺內有全部為磚石結構的「無量殿」，俗稱無梁殿。報恩寺是明成祖為了紀念他的生母而修建的寺院，寺址在今長干橋西南、雨花路以西。寺內有著名的報恩寺琉璃塔，九級八面，高三十三丈，外壁鋪貼白瓷磚，每層覆瓦的拱門用五色琉璃，頂用黃金。據記載，修建這座塔一共用了人工十萬，前後歷時二十年。這不僅是南京一大奇觀，而且也是世界建築藝術的傑作。

南京還是明代國際交往的中心。鄭和下西洋，南京是根據地。隨著航海活動的展開，西亞的二十多個國家先後與明朝建立了外交關係。例如，一四三二年，來到南京的外國使團與商人就達到一千兩百人。渤泥國與明代的關係最為友好，她的國君多次來明朝的首都南京。渤泥國位於印度尼西亞加里曼島上，其中一位名叫麻那惹加那的國王，攜帶著妻子、弟妹、子女百餘人到南京訪問，一四〇八年不幸病逝於南京。由於他的遺囑希望葬在中華，永樂皇帝特予恩准，以王禮葬在南京安德門外。這位國君的墓前還保存有石碑、石人、石獸等。這是中外友好交往的佐證。

明代諸陵大多位於北京，但南京也有陵墓，即孝陵。孝陵是朱元璋與皇后馬氏的陵墓，位於現今中山門外紫金山的南麓（鍾山南麓的獨龍阜），孝陵周長四十五里。現在保存的遺跡有陵前入口處的下馬坊、大金門、石獸、石柱、文臣雕像、武臣雕像以及《神功聖德碑》等。方城的明樓還在，但是僅存四壁，下面有一條長長的隧道。這座陵墓規模宏大，是明代南京的一項重要建築物。

5.太平天國的都城天京

朱元璋做了三十一年皇帝後去世。因太子早死，便立嫡皇孫為繼承人，這就是建文帝。建文帝在位四年，與皇叔燕王朱棣發生衝突。燕王朱棣在北平發動兵變，後攻克南京，趕跑了建文帝，自立為皇帝，這就是明代歷史上有名的明成祖。明成祖在南京繼續為帝十八年。明成祖在位的第十九年，北京建成，遷都北京。明朝以南京為都共五十三年。

明朝後來雖然遷都北京，但是南京一直還保持「留都」的名義，同樣設有禮、戶、吏、兵、刑、工六部和國子監。然而，雖然有留都身份，但是經濟文化的發展較之以前明顯有所緩慢。明朝政權於一六四四年被農民起義軍推翻後，南京曾一度成為明朝福王朱由崧的政權中心。這個政權僅存一年，就被清軍打跨。一六五四年清軍攻陷了南京，改應天府為江寧府，並在此設立兩江總督，以管理江蘇、安徽、江西三省。南京是清王朝統治東南地區的一個重鎮。

清朝初年，南京的手工業與商業較之明代有較大的發展。康熙、乾隆時，南京的絲織業有織機三萬台、工人五萬多，聚寶門附近是機戶集中的地方。絲織的花色品種較多，以雲錦最負盛名。

西元一八四〇年，英國侵略者向中國發動了鴉片戰爭，用軍艦和大炮打開了中國的大門。帝國主義的侵略勢力，打破了中國長期閉關鎖國的局面。西元一八四二年，英國把軍艦開到了南京，停泊在下關江面。清朝政府被迫簽訂了中國歷史上第一個不平等條約——《南京條約》。而後，南京成為中國對外的通商口岸。從此，中國逐步淪為半封建半殖民地社會。西方列強的侵略與清政府的壓迫，激起了全國廣大人民的極大憤慨，他們不斷起來反抗外國資本主義與本國封建勢力的壓迫。太平天國運動就是一次規模較大的抗爭。

西元一八五一年，洪秀全領導太平軍在廣西起義，很快得到南方各省的響應與支持。太平軍攻無不克、戰無不勝，他們很快就攻克了清王朝南方的重鎮——南京。西元一八五三年，太平天國將南京定為首都，改南京為天京。

太平天國建都南京後，天王洪秀全在城內修建了天王府。天王府是以清兩江總督府舊址（今長江路江蘇省政協）為基礎加以擴建而成，大體範圍是：東起今黃家壙，西至長江西街（碑亭巷），南起利濟巷和科巷，北至浮橋、天平橋。

天王府分為內外兩重。城外有護城河。外城稱太陽城，周長十餘里。太陽城的正門是朝天門，門前有御溝，溝上建五龍橋；城內其他建築有碑樓、鐘鼓樓、下馬坊、朝房等。內城稱金龍城，正門是聖天門。聖天門的北面有忠義門，過了忠義門就來到了正殿榮光殿，俗稱金龍殿。正殿金龍殿是重檐彩繪建築，通過穿堂，與左右二殿相連。正殿上的大柱上雕著盤龍，真金製成。正殿四壁刻著禽鳥花草。整個布局相當雄偉壯觀。這是洪秀全議事的地方。正殿後是後宮，再往後就是後林苑。正殿兩側是東、西花園。西花園有水池，中建石舫，這是乾隆年間雕鑿的。太平軍進入南京後，將此地定為天王府，將這個石舫進行重建。石舫長十二米，寬四．五米。相傳洪秀全經常來此地歇息、議事。一九五四年，在西花園的池子裡打撈出天王洪秀全的「淪音碑」碑額、碑座，以及石鼓；一九七六年，在西水榭（夕佳樓）附近又發現了「侍衛府胡衙」石碑等文物。

通過一些零散的文獻記載可知，在天京城內還有東王府（楊秀清）、西王府（蕭朝貴）、南王府（馮雲山）、北王府（韋昌輝）、翼王府（石達開）、燕王府（秦日綱）、豫王府（胡以晃）等王府。所有這些王府都是利用原有的建築擴建而成。

太平天國定都南京後，頒布了中國歷史上第一個農民革命綱領《天朝田畝制度》，提出了一系列的革命主張，如在政治、經濟、民族以及男女平等方面，都有具體的主張。太平天國的政治主張受到西方博愛思想的影響，又有中國古代傳統的封建主義的殘餘，更有農民運動的理想，故而其一系列革命主張，既有進步意義，同時也過於理想化。如太平天國提出：平均分配土地；不主張建立家庭；沒有私人財產，對糧食、金銀、布帛、油鹽、百貨等統籌管理和分配等等。

太平天國政權非常重視手工業。當時在天京建立了「諸匠營」和「百工衙」，以組織領導手工業生產，使手工業得到了較快發展。它管轄著四、五十種行業。在紡織業中有紡織營、繡錦營、金靴營、縫衣營和國帽營等。最盛時，每日能生產出幾千匹綢緞。在建築業中有土營、木營和油漆營等。軍工業有製造槍炮、火藥、鉛彈、戰船等營。交通業有製車、造橋和船隻等營。日用品有金匠、銅器、竹器、洋傘、鐘表等行業。還有印刷和美術裝飾業等。

太平天國政權看到宣傳在穩定政權方面的作用，故而很重視對文化設施的管理。太平天國政權有專門的雕板機構和印刷機構，這些機構是為太平天國服務的。洪秀全親自編寫和審閱的書籍達四十多種；各種書籍的出版和發行都要印蓋天王「准旨」木璽才准流行。一九八二年秋天，南京市開展文物普查時，發現曾藏在瞻園路一處房屋天花板上的「天王準旨」木璽原物，是現有惟一的太平天國木璽。

太平天國設置女子科舉，婦女可以參加考試，是解放婦女的重要舉措。所錄取的第一位女狀元，名叫傅善祥，曾主持過東王府的文書工作，是東王楊秀清的得力助手。

太平天國運動是中國近代史上的一次規模最大的農民運動，遭到中外反動派的聯合鎮壓。一八六四年，天京陷落，太平天國運動失敗。清軍攻入天京後，對太平天國遺留下來的所有遺物統統加以破壞，比如天王府和東王府等都付之一炬。文獻稱，攻入天京後，清軍在城裡縱火燒了七天，整個城市成為廢墟。為了紀念太平天國運動，現在南京已經成立了一座太平天國歷史博物館，以收集和展覽太平天國時期的文物。

六、幽燕古都北京

北京，是全國政治、經濟、文化的中心，歷史悠久。二十世紀二〇年代，古生物學家和古人類學家根據中藥店裡收購「龍骨」提供的線索，在北京市西南房山區的周口店，發現了「北京人」及其遺址。經研究，北京人生活在距今七十萬～二十萬年以前。北京的建城歷史也已經達到了三千零四十年。二十世紀七〇年代，考古工作者在北京房山區琉璃河董家林等地發現了一處規模宏大、內涵豐富的商周遺址。遺址內出土了幾件帶銘文的青銅禮器。研究銘文，並結合文獻，再考以周武王伐紂時有彗星出現，初步確定周武王分封召公於燕，是在西元前一〇四五年；燕國之都就在北京境內。從西元前一〇四五年到一九九五年，北京建都的歷史已達三千零四十年。

北京由最初的一個居民點，發展到全國的政治、文化、經濟的中心，經歷了漫長的發展過程。北京不但在全國佔有重要地位，而且在封建社會後期都城建設史上也佔有重要地位。同時在世界史上，也佔有相當重要的地位。每個熱愛北京的人，自然而然地都希望了解它那悠久的歷史，關心北京的過去。在這裡就從都城的興衰出發，來介紹北京的歷史、傳統和文化。

1. 北京歷史上的最早都城——燕都薊城

北京位於華北平原的北部，西、北、東三面環山。北京西部有西山，屬太行山脈的餘支；北面有軍都山，屬燕山山脈的一支。北京三面都環著山，那麼另外一面呢？另外一面在南，它向著平坦廣闊的華北平原。

北京三面環山，有好處也有壞處。好處是兩道山系像天然屏障，護翼著北京，可以防禦來自北方的威脅。壞處是三面都環山，交通極不便利，古代居民只能通過兩個關口——南口和古北口，才能實現南北交通。

北京的南面，向著平坦廣闊的華北平原，這是北京得天獨厚的地方。由於交通便利，人們可以通過這一面，向中原汲取大量的先進文化，也可以得到源源不斷的物資補充。

北京的山系是這樣，那麼它的水系又是如何呢？北京境內共有四條稍大的河流，它們是：永定河、潮白河、北運河和拒馬河。永定河是北京境內最大的河流，它發源於北京西南部的崇山峻嶺，流過北京，然後東南經天津匯入海河。潮白河是北京東部的一條小河，它對於灌溉北京的農田起著重大作用。北運河是後來修建的一條人工河，它在北京作為都城時，為漕運糧草出過大力。除此之外，北京的土地肥沃、平坦，很適宜於農業生產；北京的雨水充足，年平均降雨量達到了六百四十毫米，其中百分之七十都集中在特別需要雨水的夏季，這對植物生長很有利。

北京的地理條件，對於建立都城來說是很理想的：北面有屏障，便於防禦，無慮城市受到北方政權的騷擾；南面是平原，可以得到大量來自中原的物資補充；境內多河流，地勢又平坦，雨水又充足，對農業發展很有保證。

北京最初作為一座都城，大概可以追溯到西周時期或者更早一些。西周初年，北京這裡有兩個封國：一個名叫薊國，一個名叫燕國。燕國吞併了薊國，將國都從燕搬到了薊，從此薊就成為燕國的都城。薊城的相對位置，大概就在現今的北京市廣安門一帶。近些年來，中國社會科學院考古所琉璃河隊與北京市的考古工作者，在此附近發現了相當於西周時期的大型遺址，出土了包括克罍、伯矩鬲和堇鼎在內的珍貴青銅禮器。通過這些青銅禮器上的銘文，可以得知文獻記載是正確的，這裡就是西周初年燕國的都城所在地。克罍上的銘文有四十三字，大意是：周武王說，太保啊（指召公），我們剛剛舉行過盟誓，也舉行過獻酒的儀式，您還請我吃了豐盛的宴席，現在我要回報您的盛情了，任命您的兒子克到燕國去做侯，並賞給他六個部族的奴隸。克到燕之後，接管了當地的機構和土地，遂作此寶器。

周初的燕國都城薊是什麼樣子，文獻沒有記載，也沒有發現相應的古代城址，詳情我們現在無法知道。據文獻記載，到了戰國前後，薊城城內已經有規模宏大的宮殿，比如元英宮、曆時宮、宗廟、大宅等。近年考古發現的燕國青銅禮器是極為精美的，說明了燕國經濟文化發展的程度。

戰國時期的燕國，由於經濟發展很快，已經不能滿足於只建一個都城了，於是便於西元前三百年，在薊城西南易水上興建起了另外一個都城，或稱陪都——燕下都。燕下都的情況較薊城的情況清楚一些：陪都平面呈不規則的長方形，中間有牆將陪都隔開成東西二城，類似於內城與外城；古城南北寬約四公里，東西長約八公里。據考古資料，燕下都城內已經埋敷了陶質下水管道，並有城垣、門闕、宮殿基址，以及煉鐵、製骨、製陶等作坊。目前發現的建築材料有許多種，都很精美，如欄杆磚、山字形欄杆磚、山形紋殘磚、鹿紋磚、蟬紋瓦當、雲樹紋瓦當、雙獸饕餮紋半瓦當等。

文獻記載，春秋戰國時期，燕國是中國北方的交通樞紐，是商業貿易的中心。城內有定期的市場，燕國商人不但在本地經商，而且與中原有密切的商業聯繫。更重要的是，他們還能過南口和古北口，與東北地區的東胡、鮮卑商人發生商務往來關係。貿易的商品種類有糧食、棗、麻、布帛、鐵器、陶器、鹽、皮毛、馬匹等。西元一九七五年，在北京朝陽門外呼家樓出土了一窖藏戰國貨幣，共有鑄幣三千八百七十六枚，都是韓、趙、魏的。這是當時薊城與三晉商業交往頻繁的物證之一。

秦相繼攻滅了韓、趙、魏諸國，並挾勝者餘威，北上，逼近燕國。燕國分裂成抗戰、逃跑兩派。燕太子丹與秦王政早有矛盾，此時傾向於抵抗，派遣著名刺客荊軻前往刺殺秦王政，沒有成功，秦兵攻勢更急。面對強敵，燕國貴族放棄了薊城和燕下都，逃到北方去了。秦滅燕，因燕下都曾名廣陽，便在此置廣陽郡。漢因之。魏晉南北朝時期，此地始終都是郡治所在地。隋代，涿郡成為進攻朝鮮的重兵屯防地區，地位漸漸重要。唐朝初期，基於建設需要，遂將涿郡升格為州，號幽州。

人們時常將北京與河北稱為幽燕，又稱涿州，與這一歷史有關：最初，這裡是燕國的封地；稍後這裡建涿州；唐代在此置幽州。

2. 從遼南京城到金中都

北京第三次作都城，是在五代十國時期。十世紀中葉，東北崛起了一個名叫契丹的民族。契丹人是中國古老的民族之一，原居於現今遼寧省西北部西遼河上游西拉木倫河流域，長期過著游牧的、狩獵的生活。十世紀，由於經濟發展，出現了貧富分化和階級對抗。以阿保機為首的貴族向外擴張，統一了契丹各部，並用武力征服了陰山一帶的突厥人、吐谷渾人、党項人，勢力逐漸地壯大起來。那個時候，中原處於五代十國時期，國力不強，無力抵禦北方的入侵，於是契丹人大舉南下，攻下了幽州城（西元九三七年）。

為了便於管理，契丹擁有大漠以南以及幽燕故地後，便接受了中原文化，建立都城，實行南、北京制（除此之外，在歷史上遼朝還建立了中京、東京、西京）。遼朝將北京（又稱上京）設在臨潢（今內蒙古巴林左旗境內），將南京設在原唐朝的幽州城。由於遼朝的南京是在隋唐幽州城的基礎上建立起來的，又位於遼朝版土的南部，而這裡曾經是古燕國的土地，故當時的人除稱現今的北京為南京之外，還稱其為燕京。

遼朝在唐朝幽州城建南京，主要原因有兩個：其一，遼朝看中了這裡的自然地理條件，想以這裡作為南下中原、進攻大華北的據點；其二，這裡社會文明發展程度較高，物產豐饒，是遼朝貴族賴以生存、謀財的重要基地。自在北京建都後，幽州自然而然就成為遼在華北的統治中心。

遼朝的南京基本上是沿用了唐代的幽州城址，僅在城垣方面作了重新的修築和改建。

另外，遼朝在城內的西南角上，修築了一個很小的宮城，叫大內。據文獻記載，遼南京周長二十七里（一說三十六里，經勘察不太符合實際），城垣高三丈、寬十五尺。遼南京共有八座城門：東面二門，為安東門和迎春門；西面二門，為顯西門和清晉門；南面二門，為開陽門和丹鳳門；北面二門，為通天門和拱辰門。

南京的宮城位於整個都城的西南隅，內有許多宮殿，如元和殿、昭慶殿、嘉寧殿、臨水殿、長春宮等。除此之外，宮城內還有供帝王遊玩的球場、果園和泛舟遊覽的湖泊等。自唐代以來，貴族們喜歡馬球，也喜歡踢皮球，所以宮中要設球場。

城內分為二十六坊，街道、坊市、廨舍、寺觀井然有序。城區北部為商業貿易中心，集中了來自各地的海陸百貨。由於遼朝南京城與中原保持了較為密切的經濟文化聯繫，所以雖然遼朝與北宋在外交、軍事上對峙，但還是允許北宋的錢鈔在南京流通。北宋的製瓷業技術傳到了這裡，這裡的居民掌握了燒製瓷器的技術。西元一九七五年在北京門頭溝區龍泉務村發現了一處規模很大的遼代窯址，南北長三百米，東西寬約兩百米，遺址內殘留大量碎白瓷片，胎質瑩白堅緻，釉色泛青，呈半透明狀，說明當時南京城的製瓷工藝和生產規模均達到了相當水平。

遼朝的統治階級進入中原後，很快就接受了佛教文化，並成為佛教的忠實信徒，故而在遼朝南京城裡保留了大量與佛教有關的遺跡。其中最為有名的是天寧寺塔、雲居寺。天寧寺位於北京廣安門附近，北魏初曾在這裡建光林寺，而後歷代重修，是中國現存的比較典型的密檐式磚塔。雲居寺位於北京市西南約七十五公里處的大房山。最初，隋代靜琬和尚在此首創雕刻石經，以後歷代都有鐫刻，如唐、遼、金、元、明、清等。其中遼代聖宗、興宗、道宗三朝所雕刻的石經四千多方，都埋在雲居寺西南角。另外，石經山山腰的藏經洞裡，有上下兩層石窟，保留了大量遼代刻經；壓勝塔下埋了八千多塊石經，至今還保存完好。

遼朝在北京興建南京的時候，中原地區接近五代十國割據的尾聲。西元九六〇年，後周的權臣趙匡胤在開封附近的陳橋驛發動兵變，奪取皇位，建立了北宋王朝。北宋王朝建國之初，還有一股銳氣，想收復被遼朝所控制的燕雲十六州。北宋不斷「北伐」，屢無建樹。九七九年，北宋的軍隊攻到遼南京城下，周圍的易、涿、順等州紛紛望風而降，眼看就能收得南京，但是宋軍孤軍深入，後援不繼，加上部隊疲倦，無法與遼朝關外新增援的部隊對抗，結果在高粱河一役（約在今北京內城至西直門一帶）中大敗。北宋軍隊撤出了燕雲地區，從而形成了遼宋南北對峙的局面。

遼朝將主要精力投入南方，與中原的北宋王朝對抗，卻忽略了自己的腹地——東北地區，結果使得女真族在東北地區崛起。女真人先是推翻了遼朝在東北的統治，建立了金王朝。接著興兵南下，與北宋夾擊遼朝。在兩國軍隊的合力進攻下，遼朝滅亡，其殘餘勢力逃往漠北和西域，金王朝控制了黃河流域。以後，金王朝與北宋王朝爆發了戰爭，金王朝打敗了北宋，北宋亡，北宋的殘餘勢力逃往南方，在臨安建立了南宋王朝。南宋建立之後，被迫出讓大散關、淮河以北的土地。金王朝控制了整個北方。為了管理淮河流域以北的廣闊土地，金王朝便決定將首都從原先的會寧（今黑龍江阿城縣境內）遷到北京來，並命名為金中都。

金中都始建於天德三年（西元一一五一年），由張浩等人設計規劃，並在遼南京的基礎上動工修建。工程歷時三年，至貞元元年（西元一一五三年）完工。金中都是在原遼南京的基礎上興建起來的，但並不是完全倚賴於舊址。在興建新都時，較多地參考了北宋汴梁城的城市規劃和平面布局。新建的金中都，包括大城、皇城和宮城三重（見圖21）。

大城　位於最外圈，它的東、西、南面都越過了舊城垣，向外擴拓，只沿用了北城垣。據勘察，金中都的大城周長三十三里，共有十二座城門，分別是：東面的陽春門、宣曜門、施仁門（由南而北）；西面的麗澤門、顯華門、彰義門（由南向北）；北面的

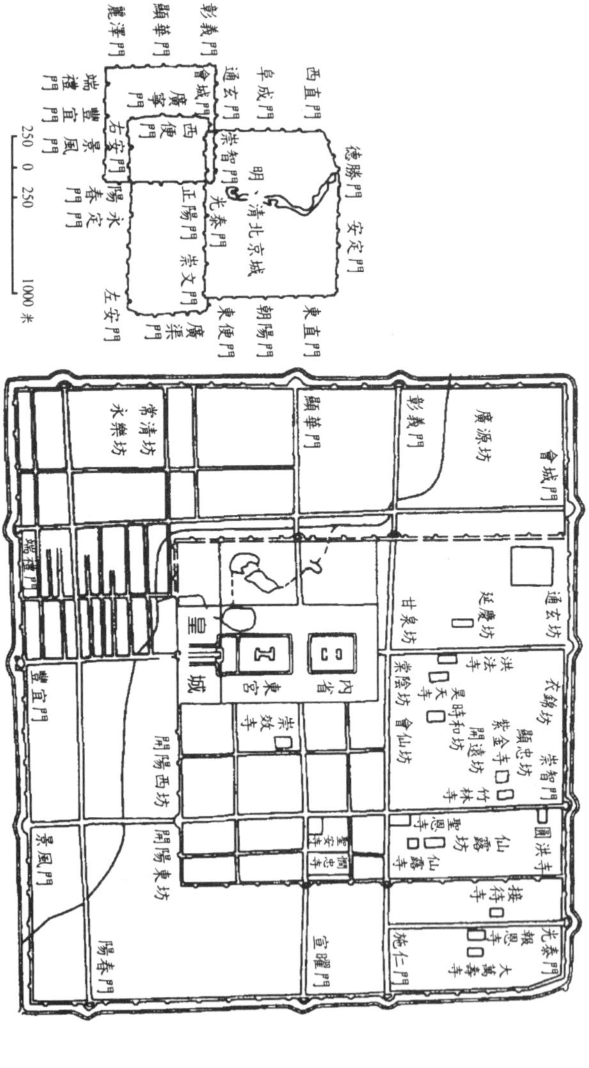

圖21 金中都城址平面圖（附：金中都與明清北京方位示意圖）

崇智門、通玄門、會城門（由東向西）；南面的景風門、豐宜門、端禮門（由東向西）。

中都城共有六條東西、南北向的大道，其中東西向大道三條，南北向大道三條。東西向的三條大道是：施仁門通彰義門的大道；陽春門通麗澤門的大道；宣曜門通顯華門的大道。南北向的三條大道是：崇智門通景風門的大道；會城門通端禮門的大道；通玄門通豐宜門的大道。因為皇城居中，以及御苑的建立，僅有三條大道是互通的。六條大道中，通玄門至豐宜門的大道是貫通全城的，相當於中軸線的御道。沿著御道兩側，從應天門到宣陽門之間是「T」字形的宮廷廣場，布置有東西並列的千步廊和左右並峙的文、武二樓，規模都很宏大，這種布局與東京汴梁城的宮廷廣場布局相似。御道很寬，夾道兩側有水溝，沿溝兩岸種植了柳樹。

皇城和宮城　位於大城的中部偏西。據記載，皇城周九里有餘。皇城的正門是宣陽門，正對外城的南門豐宜門。皇城內為宮城。宮城的正門是應天門，門後有仁壽門，左右為日華、月華二門。仁壽門後為大安殿，這是正殿，是皇帝舉行盛大慶典的場所。近些年，在白紙坊西街與濱河西路交叉處以外，發現一個較大的遺址，遺址出土獸頭瓦當、各種勾紋磚、各種唐遼瓷片，它很可能是大安殿遺址。文獻記載，在大安殿之北還有仁政殿，這是內朝所在。近些年來，在大安殿遺址以北約三百米處的椿樹館附近有座高達

四．六米高的基址，相繼出土磨光黑色筒瓦、板瓦、綠釉瓦當、各種唐遼瓷片、鈞窯瓷片等，推測是仁壽殿遺址所在。這個大殿為遼朝所建，金時仍在沿用。

中都城的宮苑建築也很多。築中都城時，曾有計劃地把發源於城西一片天然湖泊（古稱西湖、即今大蓮花池）中的一條小河圈入城內，並引這條小河入皇城西部，以此修治了一個風景優美的園林——同樂園，也稱西華潭或魚藻池。金中都的東北郊外，相去四、五公里，原有一片低洼地，為高粱河所灌注，形成一個淺湖。金朝投入人力，遂將此處修成了一個風景區。從金世宗開始，金朝相繼在此營建太寧離宮，這裡遂成為一個風景、建築俱佳的遊玩場所。

中都城擴建以後，面積大為增加。內城的北部是全城最繁榮的商業區。金朝政府在這裡設有官吏，徵收賦稅，管理市場。據文獻記載，中都城共有六十二個里坊，里坊布局整齊，東二十四坊，西四十二坊。可考的有富義坊、奉仙坊、和時坊、延慶坊、仙霞坊、棠蔭坊、顯忠坊、會仙坊、玉田坊等。全城約有居民二十二．五萬戶，人口約達百萬。

建金中都時所修築的盧溝橋，是當時極為著名的建築之一。盧溝橋建於永定河上，這裡原是一個南北交通的要道。在建盧溝橋以前，這裡原有浮橋。由於永定河河水不定，每逢雨季時常洪水氾濫，浮橋毀斷，故金政府決定改築石橋。盧溝橋始建於大定二十九年（西元一一八九年），完工於明昌三年（西元一一九二年）。石橋共十一孔，長兩百一十二·二米，石欄杆望柱兩百八十一個，柱頭刻大小石獅數百，千姿百態，栩栩如生。盧溝橋石欄刻獅，林林對峙，橋下水聲潺潺，曉月流光，波影蕩漾，因而有了「盧溝曉月」之景物，成為燕京八景之一。

與所有漢唐時期的都城相同，金朝將都城定在中都之後，立刻感到京城糧食不足，需從各地漕運糧食入京。為了解決中都漕運糧食問題，金朝開始考慮疏通漕糧河道。金朝首先考慮從通州到中都挖掘一條人工運河，全長五十里。由於中都地勢較通州高出二十米，故運河雖然挖通，但是水量不豐，漕運有限，結果事倍功半。為了解決糧食運輸問題，金王朝每年只好派出大量人力，採用陸路運輸。

3.元大都

十三世紀初，蒙古族在漠北興起。西元一二〇六年，鐵木真統一諸部，自號成吉思汗，建立蒙古政權。蒙古軍隊南下，對金王朝構成威脅。在短短的數年裡，蒙古軍隊數次包圍金中都，使得金王朝的統治者宛如驚弓之鳥，一致主張遷都開封的汴梁城，以避蒙古驍軍的鋒芒。金王朝遷都後，金中都的防禦能力明顯下降。西元一二一五年，也就是金王朝遷都的第二年，蒙古軍隊順利地突破了南口一帶的天險，萬馬齊馳，在滾滾塵煙中，殺入中都，掠奪了財富之後縱火焚燒，金中都成為一片廢墟。

蒙古軍隊攻克了金中都之後四十多年間，雖然還稱這裡為燕京，但是沒有投入人力和物力進行經營，以致經過戰火破壞的燕京城，到處是瓦礫填塞、荊棘叢生。

西元一二六四年，蒙古統治者忽必烈聽從了謀臣劉秉忠的建議，認識到燕京的政治地位重要，於是決定移駐燕京。忽必烈在燕京的初期，原想利用遼的燕京和金中都的舊址。然而兩年間，他發現舊址的弊病太多，不如營建新都。於是便在至元三年（西元一二六六）作出放棄舊址，在舊址之側營建新都的決定。新營建的都城，最初仍稱中都。至元八年，忽必烈稱帝，定國號為「元」，次年將新都改名為大都。忽必烈從上都遷至大都。從此，北京成為中國統一的、多民族國家的政治、經濟、文化中心。

元大都是當時世界上著名的大都市，其城市規劃在中國封建社會後期的都城發展中佔有重要地位，奠定了明清北京城的基礎。

元大都的新址是以金朝離宮——太寧宮附近的一區湖泊（即今日的中海和北海）為設計中心的。放棄以蓮花池水系為核心的舊址，而在高粱河水系建新都，原因是多方面的：其一，金中都在戰爭中受損過大，金代宮闕已經成為廢墟，相比之下，以太寧宮為核心的金代離宮卻風景優美、環境宜人，是理想的建新都地址；其二，在建金中都之前，蓮花池水系尚可滿足城市用水，隨著城市發展，城市用水負荷過重，此時蓮花池水系已經不敷需要，營建新都需要開闢新的水源，新址基本能解決這個問題；其三，金朝一直未能解決漕運問題，元代漕運的問題更加突出，選擇新都址必須考慮這個因素，元朝統治者認為，在新城址可以開闢新運河——通惠河，所以元大都必須在新址動工。

元大都的平面設計，較為圓滿地體現了中國古代都城的設計思想：帝都應當是一個正方形的大城，四面各有三門；門內各有筆直寬闊的大道縱橫交錯；大城之內，中央部位前方是朝廷，後方是市場；朝廷左方是太廟，右方是社稷壇。（見圖22）

元大都平面呈長方形。經勘探：南城垣在現今長安街稍南，東西城垣即北京內城的東西垣，北城垣在今安定門和德勝門小關一線。城垣南北長約七千六百米，東西寬約六千七百米，周長約兩萬八千六百米，城垣全部夯築。（見圖23）

元大都共有十一座城門：東面由南而北為齊化門、崇仁門、光熙門；西面由南而北為平則門、和義門、肅清門；北面由西向東為健德門、安貞門；南面由西向東為順承門、麗正門、文明門。一九六九年拆除明清西直門箭樓時發現了元大都和義門瓮城城門，直接疊壓在明代箭樓之下。門殘高二十二米，門洞長九．九二米，寬四．六二米。門洞內有至正十八年（西元一三五八年）題記。經研究，這種城門建築是從唐宋以來「過梁式」木結構門發展到明清「磚券城門」的過渡形式。

元大都的街道有縱貫宮城中央的南北大路，也即中軸大道，目前已探明其寬約二十八米，大體位置在景山北牆一帶。這一發現糾正了以往元大都中軸線偏西的說法，證明了元大都的中軸線和明清時期北京城的中軸線相同。元大都有南北向主幹大道，在主幹大道的東西兩

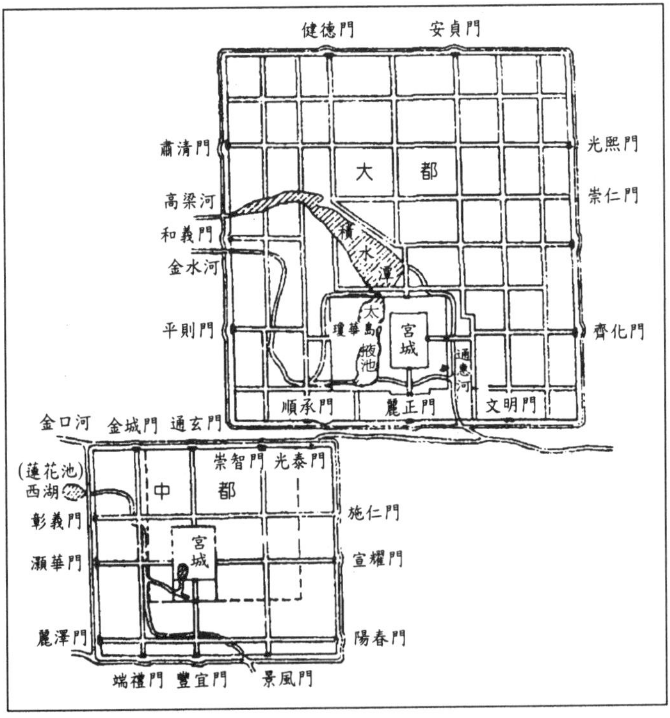

圖22　金中都與元大都城址示意圖

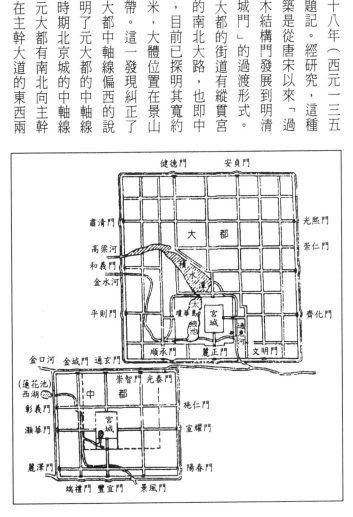

側，等距離地排列著許多東西向的胡同。大街寬約二十五米，胡同寬六～七米。從光熙門大街到北順城街之間，排列著東西向的胡同二十二條，這與現今北京城內從朝陽門到東直門之間排列二十二條東西向的胡同是相同的。由此可以說，今天北京的許多街道和胡同，仍保持著元大都街道布局的舊跡。

元大都的皇城位於城的南部中央。當時，曾以瓊華島及其周圍的湖泊為中心，

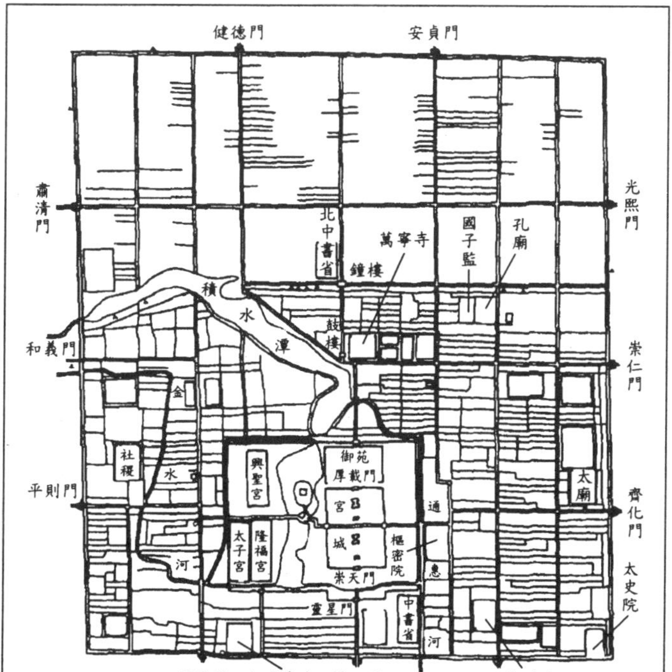

圖 23　元大都城平面示意圖

將三組大殿環列在湖泊的東西兩岸。湖泊東岸是屬於皇帝的一組宮殿，叫做「大內」，也就是現在紫禁城的前身；湖泊西岸，有南北並列的兩組宮殿，南面的叫隆福宮，北面的叫興聖宮，分別為太子和太后的居處。三宮對峙，中間以湖（當時名叫太液湖）相隔。環繞三組宮殿的四面，加築了一圈城垣。

宮城偏在皇城的東部，叫「大內」。宮城的主要建築分為南北兩組。南組以大明殿為正殿，是皇帝大朝的地方。北組以延春閣為主體，是後廷所在。據勘察，宮城呈長方形，四面有夯土牆，牆基寬約十六米。宮城南門（崇天門）約在今故宮內，北門厚載門在今景山北部。

皇城以東齊化門內有太廟，為帝王祭祀祖先的地方；皇城以西平側門內有社稷壇，為祭祀土地和五穀神的所在。在全城中軸線以北，有鼓樓和鐘樓，這是全城的報時中心。

大城內發掘出十餘處居住遺址，其中以後英房胡同發掘的住宅遺址最為重要。這是一處大型的宅院。主院的正房建於台基之上，前出軒廊，後有抱廈，正房前有東西廂房。東院的正房是一座平面呈「工」字型的建築，即南北房之間以柱廊相連。這種建築是宋元時代最流行的建築形式。住宅遺址內出土了許多貴重物品，如螺紋漆器、青花瓷器、水晶石和紫端硯等。住宅居址的發現對於我們了解元代的居址布局有積極意義。

元大都城內的居民區，劃分為五十個坊。坊有坊門，門上署坊名，這些坊是行政管理上的地段名稱。元大都的坊不設坊牆，而是以街道為主要界限。這是一種開敞的布局，與唐代坊制是不同的，而是宋代以來形式的發展。

城內市場設在北面，經營的行業多與生活有關，如柴米油鹽醬醋、雜貨、絲綢、皮帽、鵝鴨、珠、文籍、紙扎、魚、果、鐵器、脂粉等。城裡主要的商業區分布在三處：一處在今積水潭北岸的斜街，叫斜街市，屬日中坊，這是全城商業最發達的地方；一處在今西四附近，名叫羊角市，是馬牛羊等牲畜集中交易的場所；還有一處在今東四西南，叫做樞密院角市，屬照明坊。這三處商業市場，不但是城內商業比較繁榮的地方，而且也是全國商業的中心，同時還是當時世界上最為繁榮的貿易場所。

元大都城內的水系分為兩個系統：一是由金水河、太液池構成的宮苑用水系統；一是由高粱河、海子、通惠河構成的漕運水系統。近些年對這兩個系統都做了勘察，大體摸清了它們在城內的流徑和走向。

元大都居住遺址中出土最多的是瓷器。有磁州窯的黑白花瓷器、龍泉窯的青釉瓷器、景德鎮的影青瓷器、鈞窯生產的釉瓷器等。白瓷中的一部分是山西霍州窯的產品。青花瓷數量極少，它在當時是很珍貴的瓷器種類。在一個窖藏中發現了十件青花瓷器，有鳳頭扁壺、托盤、大盤等，無論在造型上，還是在釉色上，都表現出了較高的工藝水平。另外，出土的青瓷觀音像、鈞窯花瓶等，也都是很難得的元代瓷器精品。

元大都的文化事業也相當發達。元曲是該時期最有代表性的文學創作形式，元曲分為散曲和雜劇兩種。著名元曲作家關漢卿和王實甫都是大都人，他們創作的元曲至今還在留傳。元曲是中華民族的寶貴文化財產，在中國文學史上佔有相當重要的地位。

4. 明清北京城

元朝末年，各地爆發了農民起義。農民起義推翻了元王朝的政治統治，蒙古貴族逃往漠北，建立了北元政權。而中原大地經過兼併，最後由朱元璋取得了勝利果實。西元一三六八年，朱元璋在南京稱帝，建立明朝。同年，明朝大將徐達率明軍北上，攻佔了元大都，改大都為北平。

明王朝的最初兩位皇帝，都是以南京為都。到了第三位皇帝朱棣時，因各種原因，於繼位之初，開始籌劃遷都之事。永樂元年（西元一四〇三年），明成祖正式下詔改北平為北京。永樂十九年（西元一四二一年），正式將國都遷往北京。從此，明朝的政治、經濟、文化中心便從南京移到了北京。

明北京城始建於永樂四年（西元一四〇六年），而至永樂十八年大體完工。從營建到完工，共用了十五年時間。據文獻記載，在此期間，明政府從各地徵調了二十三萬工匠、上百萬農民以及大量士兵，另外還從全國各地徵調來建築木材。從以上的數字可以看出，中國古代人民為了修建北京城，付出了多麼巨大的代價。

明成祖遷都北京，最主要的原因是為了抗擊北元政權的試圖南下、收復舊土；其次的原因是想控制東北；最後一個原因，就是因為自己的政治基地在北京，而不在南京。

明朝的北京是在元大都的基礎上經過改建和擴建而形成的。明北京城分為宮城（紫禁城）、皇城、內城、外城四重（見圖24）。建造的程序：先建宮城、皇城，而後再修內城和外城。

宮城位於皇城偏東，稱紫禁城（今故宮），又名大內。宮城是明清兩代皇帝的宮殿，是中國現存規模最大的、保存最完整的古宮殿建築群。宮城的平面布局呈長方形，南北長九百六十米，東西寬七百六十米，總面積為七十二萬九千六百平方米。宮城四面有高大的城垣，四角建有華麗的角樓。宮城外有護城河，用條石砌岸，俗稱筒子河。宮城四面有門：東為東華門，西為西華門，北為玄武門，南為午門。宮城內有皇極殿、中極殿、建極殿。清代依次改名為太和殿、中和殿和保和殿。這是前三殿，稱外朝。外朝以前三殿為中心，再以文華殿、武英殿為兩翼。這裡是皇帝舉行大典與召見文武大臣、行使權力的場所。前三殿之後是後三殿，它們由乾清宮、交泰殿、坤寧宮以及東西六宮所組成。這是皇帝與后妃、皇子居住和遊玩的地方。後三殿北向通往御花園，園裡有眾多的蒼松翠柏、奇花怪石、樓閣亭台、池館水榭。御

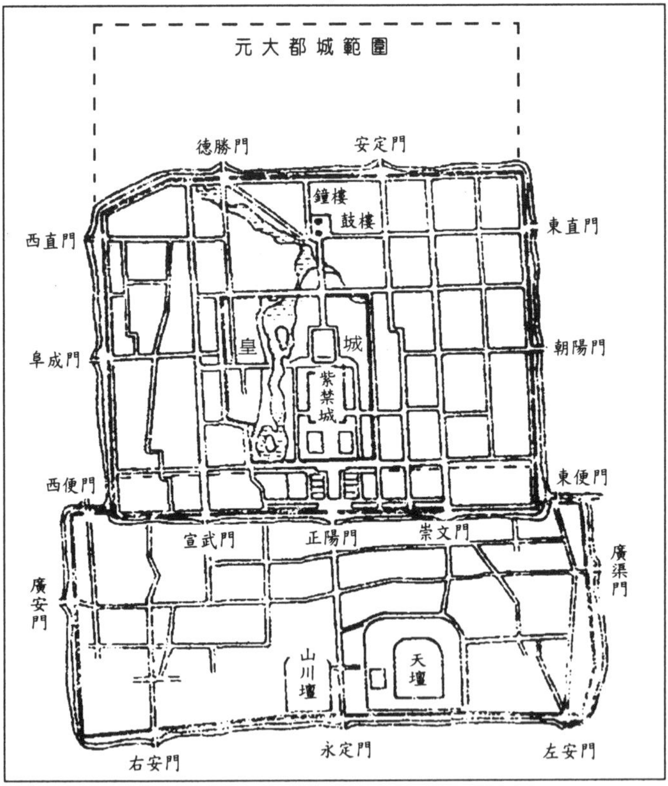

圖24　明代北京城示意圖

花園的中央有欽安殿，再向北就是宮城的北門玄武門（清代改為神武門）。紫禁城的宮殿貫穿在全城的南北一條中軸線上，充分體現了以宮城為主體的中國封建帝王都城的設計思想，奠定了北京舊城的規模與格局，在北京城的發展史上是一個重要的階段。宮殿建築金碧輝煌，是中國古代建築藝術的傑作，也是世界建築之林的瑰寶。

皇城位於宮城的外圍，呈不規則長方形。東西長兩千五百米，南北寬約兩千七百五十米。皇城的正門為承天門（清代改為天安門）。在承天門的東側有祭祀祖先的太廟，西側有祭祀土地和五穀神的社稷壇。承天門南為宮廷廣場，廣場南端為大明門（清代改稱大清門）。明代的中央官署就設置在大明門以北、廣場兩側宮牆的外面。

內城在城中北部，東西長六千六百五十米，南北寬約五千三百五十米。共有九門：東面兩門，由北而南為東直門、朝陽門；西面兩門，由北而南為西直門、阜成門；南面三門，由東向西為崇文門、正陽門、宣武門；北面兩門，由東向西為安定門、德勝門。明朝初年，督軍為便於防守，將大都城內比較空曠的北部放棄，並在其南五里的地方另築新北牆。

外城在城南部，東西長七千九百五十米，南北三千一百米。共有七門：南面三門，由東向西為左安門、永定門、右安門；東面一門，為廣渠門；西面一門，為廣安門；東北和西北隅各有一門，分別名為東便門和西便門。外城主要是手工業區和商業區。另外還有規模巨大的天壇和山川壇。嘉靖四十三年（西元一五六四年），外城竣工，北京全城呈凸字形。

明代皇城內修築有專門供皇帝遊玩的「南內」宮苑、西苑和萬歲山，尤以西苑的規模最大。太液池沿岸壘石堆山，種植樹木，建造了宮室樓閣、亭台水榭，使西苑在明代成為皇城內風景最為優美的園林。明朝在西苑的建築除五龍亭外，較有名的有九龍壁和團城。萬歲山（即景山）是明初擴建北京城時，將挖掘紫禁城筒子河和太液池（南海部分）的泥土堆積而成的。在其四周種植花草樹木，並修造寺、亭，遂成皇帝每年登高望遠的場所。

明王朝在城內和城外相繼興建了天壇、山川壇（先農壇）、地壇、日壇和月壇。其中規模最大、氣勢雄偉的首稱天壇。天壇係明永樂年間建於南郊，以後補築了外城，這才圈入城內。天壇是皇帝祭天祈穀的地方，每年冬至這一天，皇帝都要來此地舉行祭祀。天壇平面呈不規則長方形。南部以圜丘為中心，有皇穹亭、神廚等附屬建築，形成一組建築群；北端有祈年殿，還有附屬的皇乾殿、神廚、宰牲亭和七十二廊，形成一組建築群。天壇建築規模宏大，造型優美，構思精巧，堪稱中國園林建築的傑作。

明代的經濟有顯著的發展，手工業尤其發達。一些從事手工業的工人，積累豐富的經驗，製作了景泰藍、漆器、宣德爐、宮扇、瓷缸等，都是聞名中外的藝術品。

明代北京城內的商業活動較之元代更有發展。明初在皇城四門、東四牌樓、西四牌樓、鐘鼓樓，以及朝陽門、安定門、西直門、阜成門、宣武門附近，興建了幾千間民房、店鋪，讓百姓從事商業活動。以後，又在正陽門、崇文門以南，逐漸開闢了新的商業區，其中最繁華的是「朝前市」，分布在正陽門外。除此之外，北京城裡還有豬市、米市、驢市、騾馬市、羊市、果子市等。在德勝門橋頭和崇文門外有窮漢市，這是別開生面的市場。一些貧困的市民、中小商人時常光顧這裡，從事迫於生計的商業活動。

明清的北京城也是全國的文化中心。在城內設有各種文化教育機構。最高的學府是國子監。國子監位於今安定門內成賢街北，它是元明清三朝太學的舊址。國子監內有孔廟、講壇、圖書館、刻書處和宿舍。明永樂年間，在國子監就學的學生曾經達到萬人。

太醫院是明代全國醫學的最高機構。中國著名的藥物學家李時珍曾在此工作過三十年。李時珍用畢生精力撰寫的一部偉大著作《本草綱目》，是中國明代科學史上最光輝的成就之一。

明代北京城居民飲水主要依靠人工鑿井。每一條街道上都分布著不同數目的水井。

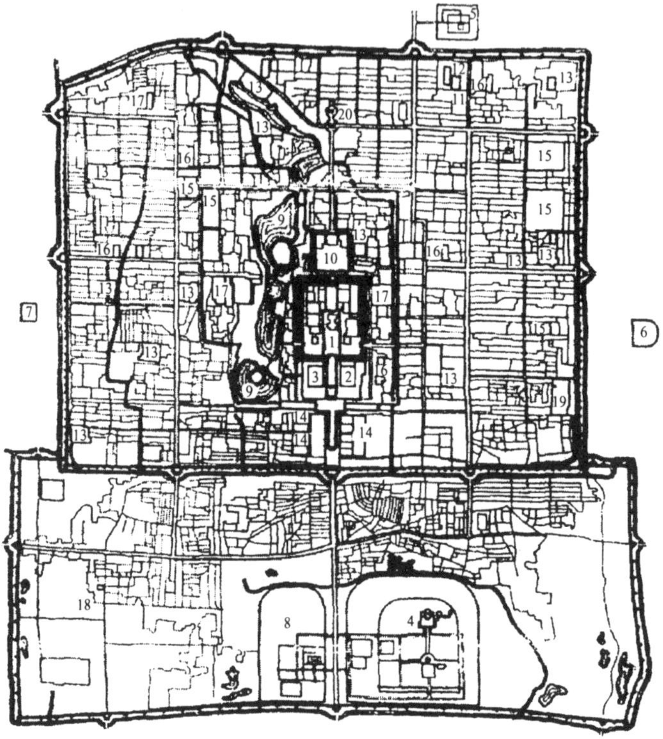

1. 宮殿　2. 太廟　3. 社稷壇　4. 天壇
5. 地壇　6. 日壇　7. 月壇　8. 先農壇
9. 西苑　10. 景山　11. 文廟　12. 國子監
13. 諸王府公主府　14. 衙門　15. 倉庫　16. 佛寺
17. 道觀　18. 伊斯蘭寺禮拜寺　19. 貢院　20. 鐘鼓樓

圖 25　清代北京城平面圖

此外，為解決綠化用水和宮苑用水，明清二朝多次修繕古河道，以達到清淤通水的目的。

一六四四年，明末農民大起義蜂擁而起，以李自成為首的大順政權，攻克了明王朝的政治心臟——北京城，至此統治了中國兩百七十餘年的明王朝滅亡。李自成部隊自取得推翻明朝的勝利後，驕傲自滿，輕視關外的政權後金（清）。後金（清）趁勢拉攏鎮守山海關的明朝重要將領吳三桂，隨後大批清軍入關，打敗了大順政權，攻佔了北京，建立清朝。

清代統一全國後，定都北京。清朝基本上沿襲了明代北京城的舊制（見圖25），原則上沒有改動明北京城。清王朝對北京城的最大貢獻，就是在北京城外圍相繼修建了馳名中外的幾個園林，如在明清華園的基礎上修建了暢春園，在暢春園的北面修建了圓明園，還修建長春園、綺春園、清漪園（瓮山）、靜明園（玉泉山）、靜宜園（香山）等。這些名園將北京城裝點得更加美麗。

參考書目

- 元大都的勘察和發掘　中國科學院考古所著　載《考古》　一九七二年
- 故宮　載《文物》　一九七六年
- 古代的杭州　林正秋著　載《杭州大學學報》　一九七八年
- 中國古代園囿　劉策著　寧夏人民出版社　一九七九年
- 古都西安　王崇人著　陝西人民出版社　一九八一年
- 古都開封　開封市博物館編　中州書畫社　一九八二年
- 中國歷史上的七大古都（上、中）　譚其驤著　載《歷史教學問題》　一九八二年
- 北宋都城東京　吳濤著　河南人民出版社　一九八四年
- 秦都咸陽　王學理著　陝西人民出版社　一九八五年
- 中國七大古都　陳橋驛主編　中國青年出版社　一九九一年

國家圖書館出版品預行編目資料

七大古都史話／李遇春・陳良偉著．-- 初版．--
台北市：國家，2004 [民 93]
212 面；21 公分．--（中華文明史話叢書：45）
ISBN 957-36-0924-X（平裝）

1. 中國 — 都城 — 歷史

681.1 93016493

國家出版社 KUO CHIA

◉中華文明史話叢書45
七大古都史話
定價：200元

著作者／李遇春・陳良偉
主編者／江　流
發行人／林洋慈
出版者／國家出版社
社址／台北市北投區大興街9巷28號
電話／（〇二）二八九五一三一七（代表號）
傳真／（〇二）二八九四二四七八
郵撥帳號／〇〇一八〇二七一七
電子信箱／kcpc@ms21.hinet.net
執行編輯／謝滿子
責任編校／于蕙華・王淑惠
封面設計／楊華恩
法律顧問／林金鈴律師
排版／國家電腦排版部
製版／東桓製版有限公司
印刷／日益印刷有限公司
日期／二〇〇四年十月初版一刷